淘宝天猫 SEO 从入门到精通

曾弘毅◎著

中华工商联合出版社

图书在版编目（CIP）数据

淘宝天猫SEO从入门到精通 / 曾弘毅著. -- 2版. -- 北京 : 中华工商联合出版社, 2017.7

ISBN 978-7-5158-2045-3

Ⅰ. ①淘… Ⅱ. ①曾… Ⅲ. ①电子商务—商业经营—中国 Ⅳ. ①F724.6

中国版本图书馆CIP数据核字(2017)第159873号

淘宝天猫SEO从入门到精通

作　　者：曾弘毅
策划编辑：胡小英
责任编辑：李　健　邵桄炜
装帧设计：润和佳艺
责任审读：李　征
责任印制：迈致红
出版发行：中华工商联合出版社有限责任公司
印　　刷：大厂回族自治县彩虹印刷有限公司
版　　次：2017年10月第1版
印　　次：2018年3月第2次印刷
开　　本：710×1000mm　1/16
字　　数：207千字
印　　张：15
书　　号：ISBN 978-7-5158-2045-3
定　　价：48.00元

服务热线：010-58301130
销售热线：010-58302813
地址邮编：北京市西城区西环广场A座
19-20层，100044
http://www.chgslcbs.cn
E-mail：cicap1202@sina.com（营销中心）
E-mail：gslzbs@sina.com（总编室）

写给在淘宝天猫上奋斗的朋友

阿里巴巴集团创始人马云曾说："任何一次商机的到来，都必将经历四个阶段——'看不见''看不起''看不懂''来不及'。"

我国在2016年网购市场规模已达到3.6万亿元人民币之多，尤其是淘宝天猫仅在2016年的"双11"一天中的交易额就达到了1207.49亿元人民币，这已经明明白白地揭示了一个道理：不管你是"看不见"，还是"看不起"，抑或"看不懂"，或者"来不及"，在蓬勃发展的电子商务面前，投入电商都是一个非常好的选择！

提起电子商务，淘宝和天猫不可忽视，因为在我国连续数年的网购网站排名中，淘宝天猫几乎都是第一名。淘宝天猫在我国的网购平台中，绝对算得上是巨无霸级，比如，早在2014年底，淘宝网就拥有注册会员近5亿，日活跃用户超过1.2亿，在线商品数量达到10亿，淘宝网占了我国C2C市场的95.1%的市场份额，在手机端，淘宝天猫的市场份额达到85.1%。截至目前，淘宝网创造的直接就业机会达到467.7万个。

作为专门做B2C业务的天猫，平台上几乎包括了当今所有的知名品牌，同时，天猫和淘宝共享用户资源，意味着淘宝网上的注册用户可以无缝登录天猫进行购物。迄今为止，天猫已经拥有4亿多买家，5万多家商户，7万多个品牌，而且数量还在不断刷新中。

淘宝天猫有如此大的体量，使得淘宝天猫平台上的从业大军蔚为壮观。这又产生了另一个问题：大家都在淘宝天猫上开店销售产品，那么在用户登录淘宝天猫时，面对这么多的店铺和海量商品，如何让自己的店铺和商品出现在目标用户的面前，从而借助淘宝天猫平台实现销售呢？

其实，从访问店铺的流量来源看，可以有两个途径：一是把产品详情页的链接分享到淘宝天猫站外，比如放在某篇博客文章里，当有人看到这篇博客文章，并点击了店铺的产品链接时，如果用户恰好需要店铺的产品，可能就会实现成交；另一个途径是打算在淘宝天猫上购物的用户在淘宝天猫站内搜索寻找，找到心仪的商品后便下单购买。

相比较而言，用户通过站内搜索访问某个店铺与产品，购买意向较大，这种方式产生的店铺流量精准度更高；从站外某个链接点击访问了店铺的流量，用户可能尚未做好购物的准备，即便偶尔点击进入店铺，可能还会关闭页面跳出，当然也不排除购买。在实际经营中，店铺的销量更多的是依赖站内搜索，站外流量只是有益的补充。

与线下实体店经营有相似之处，一个店铺要想有销量，必然要有人到店里逛。如果没有人来店里逛，暂且排除团购的情况下，店铺的销量可谓无从谈起。基于此，凡是经营淘宝天猫店铺的朋友，无不希望店铺获得更多的流量，尤其是精准流量。

总的来说，店铺获得流量的方式主要有两个：一是付费流量，店铺参加钻石展位、直通车、淘宝客等付费推广，这种方式虽然能够使店铺和商品获得一定的展现机会，但是要付出成本，如果店铺成本控制不力，有可能导致白忙活一场，甚至难以承受高昂的推广费用；另一个是免费流量，商家通过SEO（搜索引擎优化），让自己的店铺和产品更适合站内搜索引擎抓取排名的规则，从而在用户搜索关键词进行购物时，能够在搜索结果页中有好的排名，吸引顾客点击，形成店铺流量，顾客通过这种方式访问店铺的话，商家不需向淘宝天猫平台支付任何推广费用，这属于自然搜索流量。

实际上，在顾客的搜索结果中，会出现大量的店铺和产品信息，淘宝天猫搜索引擎究竟是怎样从中选择一部分店铺和商品予以展现的？对商家来说，如何让自己的店铺和商品出现在有竞争力的排名位上，又如何让用户流量转化为购买，提高转化率？这都是本书要阐述的问题。

此外，奋斗在淘宝天猫上的所有朋友，一定不会是仅仅为了获得好的展现排名而研究SEO，更多的是考虑如何借助淘宝天猫SEO，让店铺获得免费流量，并且成功地将商品销售出去，只有这样，SEO的效果才能落到实处。

基于此，本书旨在手把手地教会有需要的朋友掌握淘宝天猫SEO的本领，更是为了帮助大家最大限度地释放淘宝天猫SEO的惊人作用，帮助大家将店铺打造为“有排名、有流量、有销量、有口碑”的明星店铺，真正实现畅销加长销，帮助大家在淘宝天猫平台上纵横驰骋、步步攀升，不断刷新经营业绩。

本书先从淘宝天猫SEO入门开始，循序渐进，从淘宝天猫搜索引擎开讲，到教你如何练好开店内功，即如何让你的店铺有吸引力、竞争力，再到淘宝天猫站内SEO实战，还介绍了淘宝天猫平台上的大数据分析和推广工具，以及淘宝天猫站外SEO，然后通过阐述如何运用淘宝天猫SEO打造爆款，最后论述如何提升口碑，做成品牌，从而实现SEO的最高境界，即实现用户搜索时的一步到位和高度精准化，让店铺再也不用发愁销量。

曾弘毅

第一章 做淘宝天猫岂能不懂SEO

第二章 走进淘宝天猫搜索引擎

第三章 练好内功：开店必知必会

第四章 淘宝天猫站内SEO优化技巧

第五章 淘宝天猫大数据分析

第六章 淘宝天猫三大推广利器

第七章 站外SEO与店铺导流

第八章 实战：打造爆款流量王

第一章
做淘宝天猫岂能不懂SEO

据天猫数据显示，仅在2011年，天猫上全年销售额过亿的网店就已达到40家，而且这个数字仍在迅速增长中；至于在天猫上全年销售额超过百万元的网店更是数不胜数。对商家来说，节省下来的推广费用，就是利润。那么，掌握淘宝天猫SEO的本领，学会在淘宝天猫上行之有效地开展不付费的推广，可以说是每个商家都渴望的技能。接下来，就让我们开启一场淘宝天猫SEO之旅吧！

先来一场淘宝天猫SEO的科普

首先澄清两个基本概念：一个是淘宝天猫，另一个是淘宝天猫SEO。

1999年9月，以马云为首的18人（后来被称为阿里巴巴“十八罗汉”）在浙江杭州创立了阿里巴巴，开始专注于国内批发贸易领域的B2B（Business to Business，企业对企业）业务；2002年12月，在长达3年多的高投入低回报，甚至没有“回报”的“烧钱”竞赛后，阿里巴巴首次实现全年正现金流入，开始收入大于支出。

2003年5月，阿里巴巴创立了网购零售平台淘宝网，为了更好地支持淘宝网的支付环节，阿里巴巴在同年10月推出了第三方网上支付平台支付宝，为淘宝网上的交易保驾护航。在成立当年，淘宝网就实现了成交总额达3400万元人民币的佳绩。

2004年，淘宝网推出“淘宝旺旺”，将即时聊天工具和网络购物有机地联系起来。接着，在2005年，淘宝网相继超越eBay易趣、日本雅虎，成为亚洲最大的网络购物平台。淘宝网当年实现成交额突破80亿元人民币。

到2006年，每天有近900万人上淘宝网“逛街”购物；2007年，淘宝网全年成交额突破400亿元人民币；2009年，淘宝网已经成为中国最大的综合卖场，全年交易额达到2083亿元人民币；2010年，淘宝网发布全新首页，并推出了聚划算（现为淘宝网的二级域名，定位为团购网站）和一淘网（定位为促销导购平台）。

2011年6月，阿里巴巴旗下淘宝公司分拆为三个独立的公司，即沿袭原C2C（Consumer to Consumer，个人对个人）业务的淘宝网、平台型B2C（Business to Consumer，企业对个人）电子商务网站淘宝商城和一淘网；2012年1月，淘宝商城正式宣布更名为“天猫”。至此，本书重点阐述的淘宝和天猫便都正式亮相了。

一般来说，卖家在分拆后的淘宝网上开的店称为“淘宝集市店”，又叫淘宝C店（即C2C类型的网店）。顾名思义，淘宝集市店有点像现实中集贸市场上的街摊门市，其卖家可以为个人；卖家在天猫上开的店称为“淘宝商城店”或“天猫店”，又叫淘宝B店（即B2C类型的网店），天猫店的卖家必须为企业，能够提供有效的营业执照等资质。可以说，天猫从“大淘宝”中拆分出来后，其发展速度和销售额急剧增长。

比较而言，天猫店要比淘宝集市店高一个规格。当然，这两种店的开店费用也不同。比如，淘宝集市店开店免费，卖家也可以选择缴纳1000元人民币保证金（手机类目现为10000元人民币）以显示信用约束；天猫店又分为品牌旗舰店、专卖店和专营店三个类别，商家需要交纳数万元，甚至10万元人民币以上的保证金，以及技术服务年费（达到规定销售额可返退）、实时交易佣金等。因此，天猫店的开店门槛显然要高于淘宝集市店。同时，由于淘宝和天猫共同基于“大淘宝”平台，淘宝和天猫互相提供链接入口以做跳转，天猫店在“大淘宝”平台上有更多获得流量的机会。

在现实中，开天猫店或淘宝集市店常被统称为开“淘宝店”。在本书中，为了避免称谓混淆，我们将天猫网上的店铺称为“天猫店”，将淘宝网上的店铺称为“淘宝店”。实际上，由于淘宝和天猫本来就是一家，均脱胎于“大淘宝”，因此，用户可以轻松地从淘宝网跳转到天猫网，也可以轻松地从天猫网跳转到淘宝网，如图1-1所示。

图1-1 淘宝网和天猫网首页

在上述图片中，上面部分是淘宝网首页，下面部分是天猫网首页，两者均有彼此的链接入口。不仅如此，天猫与淘宝还有着密不可分的关系，比如，在天猫网页顶部“我的淘宝”中，用户无论选择“已买到的宝贝”，还是“已卖出的宝贝”，都会跳转到淘宝网站。可见，无论是天猫店，还是“淘宝C店”，都依托于“大淘宝”平台。另外，同一个注册过的用户名，在分拆后的淘宝网、天猫网和一淘网上，都是可以通用的。

相比较而言，用户在淘宝网上可以搜索到天猫网上的商品，但是在天猫网上搜索不到淘宝网上的商品。也就是说，上淘宝，用户可以搜到淘宝和天猫上的商品，搜索范围更广泛；上天猫，只能搜到天猫上的商品。

比如，在图1-1中可以看到，淘宝网首页提供了“宝贝”“天猫”和“店铺”三个维度的搜索。其中，选择“宝贝”维度，搜索到的商品既有来自天猫店铺的，也有来自淘宝店铺的；选择“天猫”维度，搜索到的都是天猫网上的商品和店铺；选择“店铺”维度，搜索到的店铺既有淘宝店，也有天猫店。天猫网上则默认只能搜索天猫网上的商品和店铺。可见，“大淘宝”平台不仅在天猫网上有专一的流量入口，在淘宝网上也为天猫设置了流量入口，相比较而言，天猫有更多获得流量的机会。

接下来谈一下“流量”的概念。在本书中，流量是“网站流量”的简称，指网站的访问量，用来描述访问一个网站的用户数量以及用户所浏览的网页数量等指标。举例来讲，对一个天猫店铺来说，在某个时间段有一个用户访问你的店铺，就构成你的店铺在该时间段的一个流量。可见，店铺流量大小会直接影响店铺人气的高低，与线下实体店的道理相似，哪个店铺的人气越高，前来光顾的人越多，那么越有利于成为旺销的店铺，更容易赚钱；相反，如果一个店铺冷冷清清，一天到晚没几个人来光顾，显然会对经营不利。

当然，蜂拥而至的顾客不会无缘无故地到来，他们一定是通过某些渠道知道了你的店铺，对你的店铺或者所售的商品感兴趣，才会点击进来，这就涉及了“流量来源”，即访问你店铺的顾客是从哪个渠道过来的。

在这方面，从站内搜索来看，天猫店的流量来源有淘宝搜索、淘宝类目搜索、天猫搜索、天猫类目搜索；淘宝店的流量来源仅有淘宝搜索和淘宝类目搜索。可见，天猫店比淘宝店多了两个流量来源。比如，用户在淘宝网里搜索“竹石图书专营店”，搜索结果中会出现该店在天猫网上所售的部分图书商品信息，如图1–2所示。

图1–2 淘宝搜索示意图

在上图中，每个商品图片的左下角都有一个天猫网的标志，还有店铺名称，用户只要点击图片，就可以跳转到天猫店，并进入该店所售图书的商品详情页，从而实现商品的销售。

在上述淘宝搜索中，可能会发现一个有趣的问题：店铺的商品数量实际上有很多，搜索出的结果可能多达几十页，为什么有的商品能出现在排名比较靠前的页面和位置，有的商品却出现在几十页之后呢？作为顾客，你会有兴趣和足够的时间逐个点击几十页页面去搜索排名靠后的商品吗？当然，如果顾客是专门奔着某个特定商品去的，而且市场上尚无同质化的商品，那么排名靠后的商品或许仍有销售的机会，可是，在众多商品高度同质化的今天，尤其是某款商品一旦热销，立即会有很多产品跟风，对那些排名靠后的商品来说，显然不利于销售。以毛巾为例，在天猫网中搜索“毛巾”，如图1-3所示。

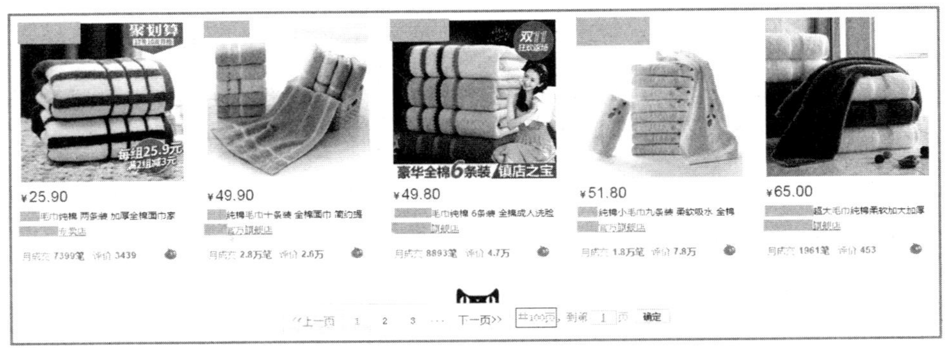

图1-3 天猫搜索示意图

买家搜索毛巾，搜索结果有100页；当前，天猫店每页有5列、12行，意味着每页最多可以呈现60件宝贝，100页就是将近或达到6000件宝贝。试想，那些排名靠后的宝贝，又怎能有出头之日，在获得销售机会方面又是何其艰难！

这就引申出了淘宝天猫SEO的话题。

SEO的全称为Search Engine Optimization，中文译为“搜索引擎优化”，对一个网站而言，主要是通过站内优化（比如网站结构调整、网站内容建设、网站代码优化等）以及站外优化（比如网站站外推广、网站品牌建设等），使网站满足搜索引擎收录排名的需求，在搜索引擎中提高关键词排名，从而吸引精准用户进入网站，获得免费流量，产生直接销售或品牌推广的效果。

举例来说，我们平时上网可能会在百度、谷歌、360等搜索引擎中搜索关键词，从而访问相应的网站和页面；比较而言，淘宝天猫也有内置的搜索引擎，在淘宝天猫上搜索宝贝时，那些SEO做得较好的宝贝更容易有好的排名，从而获得访问流量。

参考SEO的概念，淘宝天猫SEO主要分为两种：一种是淘宝天猫店铺在站外搜索引擎（如百度、谷歌等）中的搜索排名优化，另一种就是在站内的搜索排名优化。下面，以在百度搜索引擎中输入“竹石图书专营店”为例，如图1-4所示。

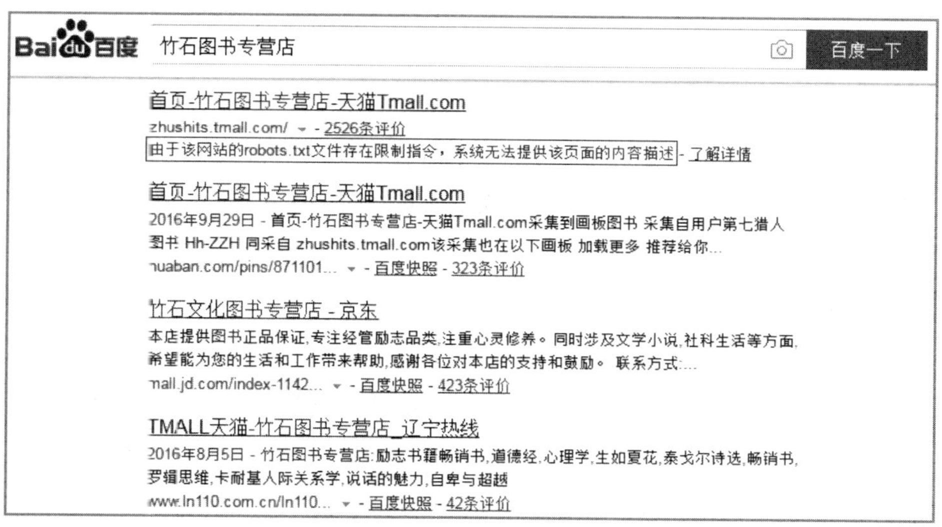

图1-4 百度搜索示意图

用户在百度输入栏里输入关键词，会呈现出一系列搜索结果，其中就有要搜索的天猫店铺，用户点击链接，就可以跳转进该天猫店铺，这是通过天猫站外链接访问天猫店铺的一个方法。另外，细心的读者在看到百度搜索中的第一条信息时，可能会看到搜索结果下有一行注释“由于该网站的robots.txt文件存在限制指令，系统无法提供该页面的内容描述”，这是怎么回事呢？原来，淘宝天猫出于信息安全、信誉维护等方面的考虑，对百度搜索进行了若干屏蔽，关于这方面的内容，我们会在本书第二章“走进淘宝天猫搜索引擎”中进行详细阐述。

淘宝天猫搜索的发展历程

淘宝和天猫均脱胎于“大淘宝”，两者有着密不可分的关系。另外，当用户进行淘宝搜索时，会随之带动天猫搜索。那么，淘宝搜索自产生以来，随着市场需求的变化而更新调整，它大致包括哪些发展阶段呢？总的来说，有以下三个发展阶段：

第一阶段，是指在2010年以前，主要是以宝贝上下架时间和店铺宝贝橱窗推荐作为排序的重要依据。在那时，商家只要将店铺宝贝上下架时间进行合理安排，再把店铺主推的宝贝设置为橱窗推荐即可，排名参考的权重因素较少也相对简单。在该阶段，淘宝搜索主要以平均分配流量为目的。

第二阶段，是指2010—2012年，淘宝做了重大调整，开始引入服务模型，在搜索时重点推荐那些服务好、评价高、质量优的商品。此次调整影响颇大，很多服务欠佳、产品质量较差的商家店铺流量骤减，销量也受到较大影响。该阶段主要是在第一阶段的基础上，淘宝搜索开始优先推荐质量好、服务好的商品和店铺。

第三阶段，是指2012年以后，淘宝引入个性化搜索，主要是根据买家的浏览习惯、购物习惯、消费能力进行精准定向。举例来说，一个经常购买低价商品的消费者，与另一个经常购买高价商品的消费者，即便搜索同一关键词，搜索结果也会不同，从而帮助消费者更加精准地寻找产品，改善用户的个性化搜素体验。该阶段则是淘宝搜索在前两个阶段的基础上，根据买家的购买习惯、消费水平等因素，开始推荐知名度高、有特色的商品。

天猫是“大淘宝”的一个重要分支，也是阿里巴巴着力打造的一个高端电商门户，整个淘宝系统也赋予了天猫较多的流量入口。天猫入驻的要求要比淘宝C店高得多，但仍有许多商家希望入驻天猫，并希望在天猫上获得足够的流量。

天猫搜索是在淘宝搜索基础上发展而来的，但又在某些方面不同于淘宝搜索，这主要表现在：天猫搜索注重品牌化和精品化。这是天猫的特色，此外，商家在入驻天猫时需要有资深品牌，可见，天猫着重打造的是品牌，为此，天猫搜索给予品牌更多的权重和资源。其实，品牌化背后的意义，是天猫不希望商家纯粹以低价做诱惑在天猫销售，更希望商家销售高品质的商品，从而提升天猫平台的品质。

对品牌化而言，如果商家做的是小类目，难以在较大范围里做品牌知名度，天猫会希望商家做精品化。这里的精品是指被小众人群高度接受，或者说高度个性化的人群接受，也就是说，天猫希望商家成为一个类目的专家，只有高度专业的服务才能满足小部分人群的高度要求。为此，商家针对的客户群体越确切，天猫则会给你更多的展示机会和资源位推荐，以及官方活动的参与机会。

在天猫搜索注重品牌化和精品化的基础上，淘宝个性化搜索同样适用于天猫搜索。比如，天猫平台里商家众多，天猫有限的流量会给谁呢？无疑，个性化标签明显的商品会优先分配。那么，商家如何做到个性化呢？这就需要商家做出选择，不能什么都卖，而是要有选择性地卖，选择一部分精准人群，比如，以卖女装为例，商家可以只做小清新、民族风等；以卖家具为例，商家可以只卖某种实木家具等。这里的个性化主要是指只选择小部分人群。

为什么要做好淘宝天猫SEO

虽然每天有数千万的用户登录淘宝天猫，但是由于淘宝天猫上的商家数量众多，商家之间的竞争日益加剧，使得流量相对显得匮乏，在这种情况下，每个流量对商家而言都弥足珍贵。同时，付费推广迫使商家承受着巨大的广告压力，产品利润空间被挤压，使店铺想要实现盈利的难度增加。基于此，商家做好淘宝天猫SEO就显得非常重要。下面就来讲解具体原因。

1. 商家数量越来越多

据统计，截至2016年，淘宝网创造的直接就业机会达400万个以上，店铺数量也多达数百万；天猫上的旗舰店达到8.9万个。淘宝和天猫上的买家数量在4亿以上，日访问用户达数千万。由于越来越多的人投身于网上创业，尤其是在淘宝天猫上开店，这使得每家店铺平均每天能分到的UV（Unique Visitor，独立访客）数屈指可数。在流量资源有限的情况下，如何分配就需要通过一系列规则和机制来筛选。如果宝贝符合条件，就有可能获得更多的流量资源，从而实现更多的销售额。

2. 竞争日益激烈

由于商家越来越多，竞争越来越激烈。比如，几乎每个商家都想做爆款，使价格战甚嚣尘上，天天能看到“清仓甩货”，价格一次比一次低，使产品的利润空间越来越微薄，产品质量与服务跟不上，众多商家陷入了低价竞争的泥潭。这种情况下，商家通过淘宝天猫SEO，另辟“战线”，显然有利于优化商家的竞争格局，从而避免无休止的价格战。

3. 广告费水涨船高

早期的淘宝商家，由于数量较少，因此仅靠自然搜索就能卖得很好，基本上不需要做任何付费推广，运营成本较少，实现盈利也相对容易些，我们称那个时代为流量红利时代。然而现在，流量红利时代早已过去，商家为了提升销量，不得不花钱做付费推广，而且购买流量的成本越来越高，从最初的一个点击几分钱、几角钱，到现在的一个点击几元钱甚至更高。在这种情况下，商家如果做好淘宝天猫SEO就意味着能节省推广成本。

可见，能否做好淘宝天猫SEO，对商家影响重大。为此，商家务必要努力做好淘宝天猫SEO。

淘宝天猫搜索规则趋势分析

在淘宝早期，商家只要抓住一个核心权重，如价格，就能获得不错的排名，这使早期的淘宝商家只要把价格降到足够有吸引力，就能脱颖而出，也使不少买家产生“在网上购物就是便宜”的认识。如今，在整个大淘宝生态体系中，搜索规则的权重体系被分得越来越细，如果商家还运用以前的老办法，如降价，可能会发现排名并不会有什么变化，流量变化也不大。那么，淘宝天猫的搜索规则发生了哪些变化呢？主要有以下几点。

1. PC（个人计算机）端流量倾向于品牌商家和KA（重要客户）商家

淘宝店铺的等级分为星级（1星、2星、3星、4星、5星）、钻级（1钻、2钻、3钻、4钻、5钻）、蓝冠级（1蓝冠、2蓝冠、3蓝冠、4蓝冠、5蓝冠）和金冠级（1金冠、2金冠、3金冠、4金冠、5金冠），可细分为20级，尤以5金冠为最高。一般来说，淘宝店铺等级跟成交中的好评数挂钩，如果顾客多，而且顾客给的好评也多，就会有利于获得更多的流量。

由于天猫是商城，商家均为企业，甚至有相应的品牌资质，都是经过天猫严格审核过的，从理论上来说，不存在信用风险，因此不需要信用等级，也没有淘宝网上按照星、钻、蓝冠和皇冠数量进行的等级划分。所以，天猫上对店铺的等级划分，主要是参考淘宝店铺的“描述相符”“服务态度”“物流服务”，而且主要是与同行业平均水平相比。相对来说，那些成交量大、好评率高的商家，在呈现方面会有更出色的优势。

2. 无线端的搜索越来越个性化

在淘宝天猫2016年的“双11”购物节中，无线（手机）交易额占比达到74.83%。其实，从2014年开始，手机端的流量就越来越多，只是那时手机端的竞争还不太大，商家只要上传手机端宝贝描述就可以获得额外的搜索规则加权，整体的搜索规则相对单一。随着无限流量的暴增，无线端的搜索也开始越来越个性化。

3. 买家体验权重显著增加

现在，多数店铺需要进行付费推广，付费流量带来的成交销量与该部分销量所带来的评价是判断宝贝权重高低的重要依据，评价越高的宝贝权重越高，排名就越好。通过淘宝天猫搜索的这个变化趋势可以看出，产品好坏与店铺服务对宝贝排名的影响越来越大。

总之，掌握了淘宝天猫搜索规则的发展趋势，大家就能更好地进行淘宝天猫SEO，从而为店铺赢得宝贵的流量。

误区一：做SEO就是钻空子

有人认为，淘宝天猫SEO就是利用淘宝天猫搜索引擎的漏洞来钻空子，从而获得好的排名。其实并非如此，任何搜索引擎都有其搜索规则，淘宝天猫搜索引擎也不例外。SEO实际上是在了解搜索引擎的规则后，按照规则布局的一种做法。通过SEO，能够帮助用户找到真正需要的内容，这也正是搜索引擎所需要做的。可见，做SEO不是钻空子，而是更充分地运用搜索引擎规则，从各个角度把店铺做强。

可见，做淘宝天猫SEO是在了解淘宝天猫搜索引擎工作原理的前提下，研究淘宝天猫站内的排名规律，通过有针对性的优化，使目标宝贝在买家搜索目标关键词时出现在宝贝排名的首页甚至前几名，从而获得源源不断的免费流量，并使淘宝天猫店铺赚到可观的利润。可以说，做淘宝天猫SEO不仅不是钻空子，而且是一门技术和艺术，需要深入学习、实践和掌握。

接下来，我们模拟买家的购物流程，通过买家的购物流程，了解一个搜索流量产生的基本构成。如图1-5所示。

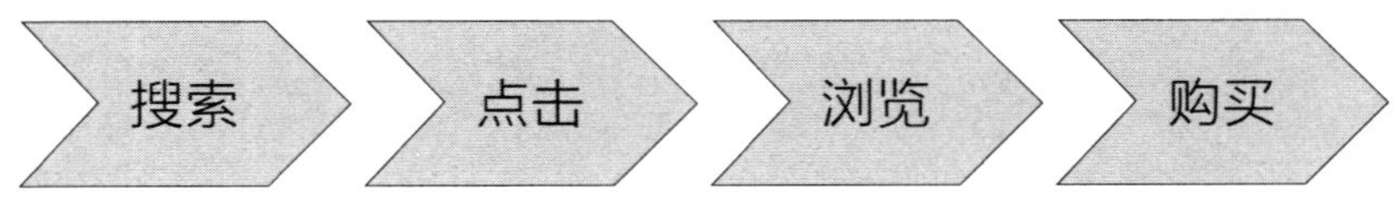

图1-5 搜索流量产生示意图

举例来说，买家想购买一条牛仔裤，便打开淘宝或天猫首页，在淘宝或天猫的搜索框中输入购物意向的关键词“牛仔裤”，这时，淘宝天猫的搜索引擎会给买家推荐出一个排序的结果，买家会浏览到这个结果页面，并从中找到适合自己的那款宝贝，然后点击进去浏览，最终做出是否购买的决定。

就目前来看，淘宝和天猫的搜索结果最多可以呈现100页，淘宝的每个搜索结果页为4行12列，意味着每页最多可以呈现48个搜索结果；天猫的每个搜索结果页为5行12列，意味着每页最多可以呈现60个搜索结果。也就是说，用户在淘宝上搜索，最多可以有4800个宝贝供选择；在天猫上搜索，最多可以有6000个宝贝供搜索。对卖家来说，肯定希望排名靠前，从而增加顾客点击与浏览的机会，进而产生购买行为。

当买家进行搜索时，淘宝天猫搜索引擎会根据顾客的特征，从数据库中筛选出跟顾客相匹配的宝贝。比如，根据买家的历史购买轨迹，以及买家的注册信息、平时的消费习惯，判断出买家的人群特征。同时，搜索引擎还会判断宝贝特征。比如，商家发布宝贝时的类目，通过宝贝标题中的基本关键词来判断宝贝，在这里，名词一般最重要，其次是修饰词，这涉及宝贝标题的分词算法，我们后续会进行阐述。搜索引擎还会根据宝贝详情页内容判断宝贝特征，例如属性元素、风格特征、季节、地区等，以及来自其他买家的评论信息，从而判断最适合买家的宝贝特征。

当搜索引擎根据买家的特征和宝贝的特征匹配出一个待排名宝贝集合的时候，并不是所有宝贝都有参与排名的机会，它会抓取一定的数量，最终只展示100页的排名结果，在排名宝贝集合里首先会过滤掉那些曾经有过严重作弊行为的宝贝，然后再根据各种复杂的相关度、权重以及大家熟悉的时间维度等来计算出一个最终呈现出的排名展现结果。

总的来说，做淘宝天猫SEO是需要下一番功夫去深入了解淘宝天猫搜索引擎的工作原理，同时还要掌握足够的市场、销售等常识，才能做好的工作。

误区二：要想卖得好，就得刷信誉

淘宝店铺和天猫店铺的一个显著区别，是淘宝店铺都有信誉等级，天猫店铺由于在入驻环节审核严格，必须均为合法企业，因此暂无信誉等级。店铺信誉等级主要是指淘宝店铺。一般情况下，淘宝店铺等级是根据售出商品所得评价积分进行划分的，具体划分如图1-6所示。

所积分数	等级图标	信誉等级
4～10分		一星
11～40分		二星
41～90分		三星
91～150分		四星
151～250分		五星
251～500分		一钻
500～1000分		二钻
1001～2000分		三钻
2001～5000分		四钻
5001～10000分		五钻
10001～20000分		一皇冠
20001～50000分		二皇冠
50001～100000分		三皇冠
100001～200000分		四皇冠
200001～500000分		五皇冠
500001～1000000分		一金冠
1000001～2000000分		二金冠
2000001～5000000分		三金冠
500001～10000000分		四金冠
10000001分以上		五金冠

图1-6 淘宝店铺信誉等级划分示意图

淘宝店铺的评价分为“好评”“中评”与“差评”三类，每种评价对应一个积分；具体来说，“好评”加一分，“中评”零分，“差评”扣一分，评价有效期为订单交易成功后的15天内，淘宝网对店铺的评价积分进行累积，并在淘宝网页上进行评价积分显示，以彰显店铺信用度。若14天内相同买家和卖家之间就同一商品有多笔支付交易，则多个好评只记1分，多个差评只记-1分；每个自然月中，相同买家和卖家之间的评价积分不得超过6分，超出积分规则范围的评价不予计分；计分规则中包含匿名评价。

不可否认，店铺信誉是一个很强的参考因素，这主要是在网购刚兴起的时候，各项管控机制不够成熟，店铺信誉等级会深深影响买家的购买决策。在买家普遍关注店铺信誉的时代，新开的店铺一般不占优势，毕竟信誉等级的正常积累需要一个较长的过程。

如今，相对来说，在淘宝上购物已经高度规范化，店铺信誉等级在影响买家购买决策方面也不断弱化。据统计，在店铺信誉等级中，3钻的店铺数量占了全淘宝的16.2%，4钻的店铺数量占全淘宝的15.3%，5钻的店铺数量占全淘宝的13.26%。通过搜索可以发现，这几个信誉级别的宝贝较多。

宝贝卖得好坏与店铺信誉等级有一定的联系，店铺信誉等级越高，意味着积累的老顾客比较多，有一定的成交基数，自然要比信誉等级低的店铺的销售要好。但是若单纯地以为店铺信誉等级高低决定店铺的销售结果则是没有充分依据的。

最后，做淘宝天猫店铺要踏踏实实地从基础做起，不要采用任何刷单行为，毕竟这是淘宝天猫搜索引擎予以处罚的一个重点，一旦那些迷信“信誉等级”，并希望通过刷单短期内提高信誉等级的店铺被淘宝发现，整个店铺可能面临被降权的处罚，从而使店铺运营者得不偿失。因此，做好店铺的关键是专心做好店铺产品与服务。

误区三：价格越低，越容易被搜到

在有些人的认知里，用户去淘宝天猫上购物，大多是为了图便宜，因此，如果商品价格足够低，就容易被用户搜索到。那么，事实果真如此吗？

诚然，在早期的淘宝网，买家为了能在淘宝网上筛选到价格更低的宝贝，通常喜欢按照价格从低到高排序。如今，一方面，买家不会再仅仅以价格作为筛选条件；另一方面，淘宝天猫引入了“个性化搜索”，比如根据用户平时在淘宝天猫上的浏览习惯、购买习惯、历史购物记录、消费水平、宝贝评价等因素来定位人群层次与宝贝，进而在搜索展现时给出相应的展现结果。这样一来，假如商家只是单方面降低价格，并不意味着宝贝一定会有好的排名，毕竟还要参考其他因素。

举例来说，某位用户最近想购买一件T恤衫，浏览了不少宝贝，假如该用户看到的宝贝价格都在200元左右，那么淘宝天猫就会在直通车位置和自然搜索位置，根据对用户消费层次的分析，尽可能多地展示价格区间差别不大的产品，这时，如果有商家的店里刚好也销售T恤衫，但价格是59元，那么这件价格足够低的宝贝能得到展示的概率反而要小很多了。其中，“自然搜索位置”是用户搜索关键词后出来的搜索结果，“直通车位置”则是自然搜索位置两侧展示的宝贝位置。关于直通车概念，我们会在后面进行专门阐述。

不妨设身处地想一下，假如一个买家经常浏览高单价的商品，当他搜索某一关键词时，淘宝天猫的运营人员会给他展示低价的产品吗？毕竟“一分钱一分货”，低价可能意味着品质欠佳，假设该用户购买了低价产品，结果发现宝贝与预期差距很大，那么买家可能会产生淘宝天猫上的产品质量不靠谱的念头，甚至以后都不会在淘宝天猫上购物了。这样就意味着淘宝天猫本身可能要流失掉一个用户。基于此，淘宝天猫系统也会重点推荐那些价格与用户消费水平相近的宝贝。

实际上，上述原因也是淘宝天猫长期以来打压试图靠低价打造爆款的原因。这是因为，如果产品本身的价格低于常规销售价格，表面上看起来“旺销”，然而促销活动一结束，大量的售后处理、投诉、退换货、纠纷退款等会纷至沓来，在活动过后，店铺又会变得和往常相似，亏本销售不赚钱，高价卖又没人买，整个店铺陷入不良循环中。

所以，试图靠低价取胜的商家，最后往往会发现淘宝天猫越来越不好做，赚钱越来越难。殊不知，这正是一些商家自身的行为导致了“不好做，赚钱难”的结果。可见，商家一定要纠正片面依靠低价来获得排名的思想误区。

误区四：销量越高，排名越靠前

运营淘宝天猫店铺的朋友一般都听说过“刷单”。所谓“刷单”，就是店家付款请人假扮顾客，用以假乱真的购物方式提高网店的排名和销量，从而获取销量及好评吸引顾客。可以说，选择刷单的店铺，是希望获得好的“销量”，从而试图获得好的搜索排名。

在淘宝早期，只要宝贝销量冲起来了，一般就会占住搜索排序的前几位，基本就可以养活整个店铺。毕竟人们普遍有从众心理，一个宝贝卖得越好，销量越高，说明这个产品越受欢迎，质量应该经得住考验，淘宝系统应当给予更多的自然流量。这种理解也无可厚非，基于此，不少店铺频繁地低价出售，疯狂地刷销量，有的甚至一笔订单就拍下几百件，把“销量”做足。

后来，淘宝天猫系统里的规则逐渐完善，比如在搜索页面的结果展示中，把“成交量”变成了“成交笔数”，开始遏制那种一笔“成交”几百件的情况。尽管如此，仍旧存在漏洞，又有人用同一个账号重复多次购买单个宝贝，于是淘宝天猫系统又按照“成交人数”来统计，并且引入了价格、转化率、评分、评价人数等因素，并使价格太低的宝贝权重下降，转化率低的宝贝权重下降，评分低的宝贝权重下降，从而削减销量对排名的影响。

另外，还有些店家为了获得更多的“销量”，会在自己的QQ空间或者博客上留下自己的店铺链接，甚至将店铺链接在QQ群里群发。实际上，这种群发的链接，在某种程度上是“自杀行为”，即便有用户点击进来，往往也不是意向用户，产生不了转化成交，属于“垃圾流量”，反而会把宝贝的转化率拉低，从而导致店铺权重下降，有些得不偿失。

不可否认，销量多少会对排名权重有很大的影响，但是要搞清楚，这个“销量”究竟指的是什么，从而有针对性地优化，而不是盲目地去理解和执行。如今，淘宝天猫引入一个新的销量规则，我们可以称之为“销量路径”因素。假设某个宝贝有100个销量，其中20个是第三方活动销量，10个是钻展产生的销量，40个是直通车产生的销量，30个是自然搜索产生的销量，那么在计算搜索排序权重时，会增大30个自然搜索销量的权重，在一定程度上减少其他销量所带来的影响，从而鼓励用户深入理解搜索引擎规则，并做好SEO。

总的来说，自然搜索产生的销量权重最高，付费成交销量权重排其次，第三方活动产生的销量甚至可能不计算权重。由此可见，对淘宝天猫平台来说，系统希望和鼓励店铺运营者用心做好SEO，争取让店铺更大的销量来自SEO的结果，而非通过刷单等非常规行为获取“销量”，否则，店铺宝贝可能在搜索排名中仍不会有出色的排名。

误区五：只注重引流，忽视内功

对淘宝天猫SEO来说，想办法把排名做上去，并使排名长久地稳定在前面，从而为店铺带来源源不断的流量，对店铺自然是一件非常重要的事情。同时，如何在获得流量的基础上，把销量也做上来，不断地把流量转化为销量，可谓是店铺至关重要的事情。可以说，倘若一味地追求高流量，却忽视了转化率，那么流量就会缺乏有力的保障，久而久之会导致流量大幅度下滑。

实际上，店铺要在引流的同时，努力提高转化率，增加销量，需要店铺“内外兼修”，不仅要做好店铺外围的信息量，更要首先做好店铺内的细节。只有这样，当有流量访问店铺时才可能转化为实实在在的销量。这就需要店铺务必练好内功。

一般来说，店铺的内功表现在以下几个方面。

1. 店铺内部的整体架构

平时在线下，即便销售同样商品的门店，由于门店所打造的购物氛围、产品展示环境不同，也会给顾客带来不同的感受，进而影响顾客的购买心理。在线上，不同的淘宝天猫店铺，在装修风格、排版方面也会各有特色，比如，有些网店让人一看就耳目一新，有些网店让人一看就觉得拖沓冗繁。实际上，店铺合理有序的架构，不仅有助于买家在店铺中阅览商品，还有利于促进店铺的销售。

总的来说，建议淘宝天猫店铺针对所售产品的特点去定店铺的“装修”风格，然后再定排版模式，最后再定颜色与特色，尽可能让自己的店铺与众不同，给买家留下好的、深刻的印象。

2. 宝贝详情页

当买家在淘宝天猫店铺中点击一个宝贝商品的图片时，就会进入宝贝详情页。通常情况下，买家主要通过对详情页内容的了解进而做出是否购买的决定。为此，商家一定要规划好单品宝贝的模板，做好图片，写好详情文字。

对一种商品而言，当其品牌、产地、单位、生产日期、型号、配置、等级、花色、包装容量、保质期、用途、价格等属性与其他商品存在不同时，可称为一个单品。每个单品都是一个加分点，也是影响整个店铺销售的组成部分。基于此，要做好单品的详情介绍，掌握详尽的产品信息，从而便于在信息加工时的取舍。

3. 选好款，引爆眼球

一个店铺要有人气，往往离不开有特色的产品与促销活动。为此，商家要根据市场需求，时常更换款式做促销活动，使店铺在动态调整中稳健进步。对此，商家可以密切关注同行或竞争对手的选款，用心挑选市场中有潜力的宝贝，为吸引顾客前来点击访问做准备。

4. 换季调整，紧密把握客户需求

一年四季各有特色，人们的需求往往也会随着季节的更替而发生一些变化。可以说，再好的产品也难以做到四季都热销；此外，即便是成功的商品也总有人群需求的集中点，以及人群购买力少的节点。因此，商家要结合时间点的变化去调整商品，包括具体种类与价格等，从而紧密把握客户的需求。

淘宝天猫搜索引擎的处罚重点

商家在淘宝天猫平台上做生意销售产品，就需要了解淘宝天猫平台的一系列规则，尤其应该仔细研读平台明令禁止的处罚规则，以免自己在运营中犯下类似错误，使店铺面临降权处罚。一般来说，店铺被降权后，会影响店铺在自然搜索中的过滤与排名，会对店铺运营产生不利的后果。下面将为大家介绍淘宝天猫搜索引擎的10个处罚重点。

1. 错放类目与属性

淘宝天猫上销售的产品很丰富，为了有效管理这些产品，对产品进行划分归类就是一个很好的办法。我们以天猫网为例，天猫上的商品分类见图1-7。

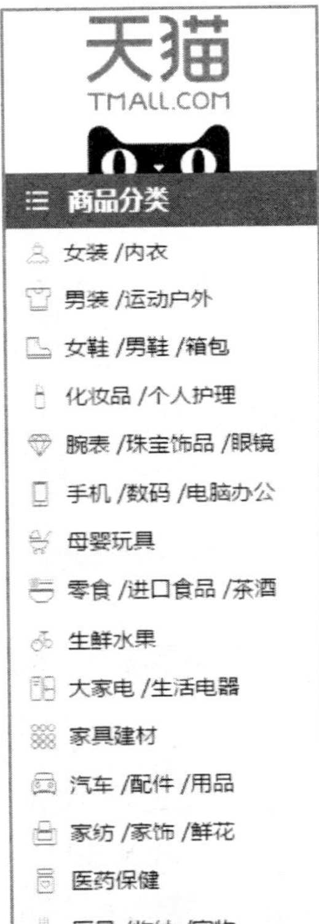

图1-7 天猫商品分类示意图

所谓“错放类目”，是指商家在发布宝贝时，错选了宝贝类目。例如，用户在天猫中搜索“连衣裙”时，系统会首先锁定在“女装/内衣”的“浪漫裙装”类目，假设某宝贝本身属于该类目，却被商家错放到别的类目里，那么该宝贝就不会被搜索到。这是因为在淘宝天猫的搜索规则里，关键词搜索首先锁定的是类目。此外，在淘宝天猫中，有些产品是不允许做付费推广的，如减肥产品，但是有的商家为了进行付费推广以获得更多销量，便将产品发布到其他类目里，如“食品”类目，这样的话，或许可以使该产品开通付费推广，但是一旦被淘宝天猫查到，会受到相应的处罚。

所谓属性，是指产品的型号参数。如一件服装，面料厚薄、款式细节、成分含量等皆可称为属性。商家在填写宝贝属性的时候，要据实填写，否则，即便被买家搜索到，让买家发现属性不实，最终成交率也会很低，还要面临平台的处罚。例如，有的商家在宝贝标题中写有“纯棉”字样，在属性清单中却显示含棉量只有10%；在标题中写着“包邮”，顾客购买时却需要支付邮费。这种行为一经发现，宝贝就会面临处罚或者降权。

2. 滥用标题关键词

这是指商家使用与产品不相符的属性进行描述。例如，明明是一款安卓手机，标题却写着“iPhone手机”；明明卖的是普通服装，却在标题中冠以某知名品牌等。这种行为一旦被淘宝天猫系统发现，就会使得宝贝降权，甚至可能会被系统删除。

3. 价实不符

这是指宝贝设置的价格不符合市场的基本规律，例如一辆汽车100元，一部手机10元，一条牛仔裤1元，或者宝贝描述中的价格与实际售价不一致。这种行为同样会受到淘宝天猫的严厉处罚。

4. 邮费不符

这其实是一种价格作弊的手段，比如一件宝贝售价10元，运费却设置为30元或者更高，其实质是利用低价来吸引点击，实际综合售价并不低。

5. 商品信息不一致

这相当于是对前面几项行为的总结，如类目属性不符、价格信息不符等。如果商家发布的宝贝存在这些错误，淘宝天猫会判断为宝贝标题、图片、价格、描述信息不一致，从而对宝贝甚至店铺予以处罚。

6. 重复铺货

这是指就同一个产品，商家发布了两个或两个以上的宝贝链接，目的是增大宝贝搜索时被展现的概率，这就造成同一宝贝的冗繁出现。一般来说，重复铺货主要分为两种：一种是单品重复铺货，即商家针对同一单品发布多个宝贝链接；另一种是重复铺货式开店，比如同一个商家在淘宝天猫内开多家店铺，销售同样的产品。这些行为一经查出，也会受到平台不同程度的处罚。

7. 广告商品

这主要是指商家将某个宝贝价格设置得超低，在详情描述页中，却给其他店铺或产品做链接，诱导买家点击到其他链接上，相当于以价格超低的宝贝为噱头，为其他店铺或产品做广告，这种类型的宝贝就是广告商品。一旦被淘宝天猫系统发现，就会受到应有的处罚。

8. 偷换宝贝

关于“偷换宝贝”，普通小卖家一般接触较少，多出现在爆款宝贝上。假设店铺里有一个爆款A，累计销量达到5000，每天可以为店铺带来不少自然搜索流量，然而由于货源、季节等原因，使销售出现疲软，这时，商家还不舍得丢弃辛辛苦苦打造的爆款及其基础数据，于是，商家换了另外一个宝贝B继续销售，将原来宝贝A的主图、描述图、宝贝属性等全部替换为宝贝B的信息，链接还是原来的链接，可链接里的信息已经是宝贝B了，从而达到商家利用现有销量继续销售的目的。这种偷换宝贝的行为，多出现在周期销售的类目，这种行为也是淘宝天猫打击的重点。

9. SKU作弊

SKU的全称为Stock Keeping Unit，即库存进出计量的单位，可以是以件、盒、桶等为单位。对线下很多大型连锁超市而言，SKU是其进行物流管理的一个重要方法，并被引申为产品统一编号的简称。可以说，每种产品均对应唯一的SKU号，以免混淆。举例来说，小米公司发布一款新的手机产品，总共有三种颜色，分别是“土豪金”“银色”和“白色”；手机机身存储空间也分为三种，分别是“16GB”“32GB”和“64GB”，那么，小米公司发布的这款手机产品就有九个SKU，因为每款具体的手机对应一种颜色和一个存储空间，属于一个SKU，如“土豪金-16GB”“土豪金-32GB”“土豪金-64GB”等。

所谓SKU作弊，是指商家利用非常规的商品属性（如套餐）设置价格过低或者不真实的一口价，从而使产品排名靠前。SKU作弊是当下不少商家常用的伎俩，比如，有的商家将瑕疵品、样机、二手产品等非常规商品与常规商品放在同一个宝贝里出售，而且一口价为非常规商品的价格，表面上看起来价格诱人，可是细一看，却发现商家划分了“配置1”“配置2”，或者“经济配置”“标准配置”“豪华配置”“顶级配置”等不同配置的级别，每种级别的配置对应一个价位，买家会发现，真要购买到常规商品，价格往往要比标价高。

10. 虚假交易

所谓“虚假交易”，也就是人们熟知的“刷单”，这是淘宝天猫长期以来打击的重点对象。商家进行刷单，大多出于两个目的：一是维持爆款排名，通常来说，销量在排名中占有不可忽视的权重，销量根据来源又分为自然搜索销量、直通车销量、钻展销量、淘宝客销量以及其他销量，一般在搜索排名时，自然搜索销量占的权重较大，商家为了更好地保持销量，抢占流量入口，往往会选择刷一些自然搜索流量和直通车流量；二是消灭零销量宝贝。这里有两个概念，即“动销率”和“滞销率”，举例来说，某店铺有100款宝贝，其中有

60款宝贝产生了销量，那么动销率就是60%，剩下的40款宝贝未产生销量，那么滞销率就是40%。在搜索排序结果中，抛开其他搜索因素的影响，宝贝排名要想进入前10页，最低也要有1个销量，零销量几乎不可能被展现，即便存在可能性也是在凌晨0点至6点之间，此时是淘宝天猫流量低谷期，浏览的人少，也很难产生成交。如果店铺中存在零销量宝贝，而且时间超过30天，淘宝天猫系统将在搜索中屏蔽该宝贝，不再给予展现的机会。所以，商家总是想方设法打破0销量，甚至不惜采取刷单等虚假交易行为。

对此，淘宝天猫系统会对刷单进行异常检测。如果商家真的希望宝贝销量有起色，一定要建立在流量支撑的基础上，绝不可贪图省事，简单地“一刷了之”。

总之，了解与掌握淘宝天猫搜索引擎的处罚重点，可以更好地指导我们避免犯不必要的错误，使我们更好地掌握淘宝天猫SEO的本领，从而促进店铺业绩更好地发展。

第二章
走进淘宝天猫搜索引擎

淘宝搜索，属于阿里巴巴旗下的搜索引擎，主要针对淘宝网和天猫网进行站内搜索，从而为用户提供C2C和B2C的购物搜索结果；天猫搜索则是天猫网上的搜索引擎，专门针对天猫网进行站内搜索，为用户提供天猫网站内的购物搜索结果。那么，淘宝搜索、天猫搜索的搜索引擎是怎样工作的，有哪些异同？本章将为你一一解答。

淘宝天猫搜索引擎的工作步骤

淘宝、天猫年年都在不断变革，作为商家，如果不能在第一时间对这些变革做出响应，很快就会掉队了。掉队的后果就是爆款不爆了，店铺流量越来越少，转化率直线下落。也许，从视觉上看，淘宝、天猫一直都没有调整，事实上，淘宝、天猫系统一直处于不断调整的过程中。

这些调整的背后是淘宝、天猫在未来商业形态升级过程的表现，是淘宝个性化、天猫品牌化进行的商家改造引导。在这个过程中，淘宝、天猫希望商家去做的，是通过搜索引擎的调整实现的。因此，我们通过淘宝、天猫变革背后的逻辑，不难把握淘宝、天猫搜索引擎的工作步骤。

一般情况下，影响宝贝排名的因素有很多，比如关键词、销量、人气等，那么，当用户在搜索栏中输入关键词时，淘宝天猫搜索引擎是怎样工作的呢？

总的来说，有以下几个步骤。

1. 提取关键词

实际上，无论是进行关键词搜索，还是类目搜索，淘宝天猫搜索引擎工作的第一步是“猜”，即“猜”买家到底想要搜索什么结果，然后把“猜”出来的结果提取并推荐出来。

举例来说，用户在输入“猫”的时候，天猫搜索引擎会“猜”你想要的可能是上网用的“猫”（Modem，调制解调器，俗称“猫”），或者是玩具猫等，进而呈现出相应的搜索结果，如图2-1所示。

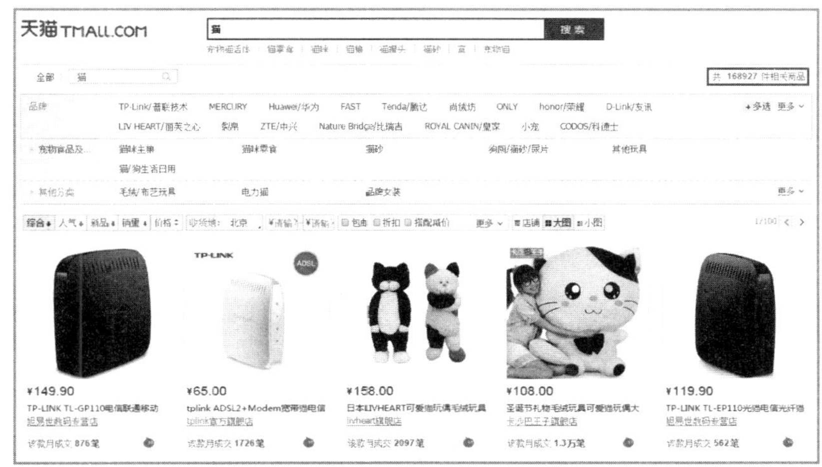

图2-1 天猫搜索关键词示意图

在上图中，天猫搜索引擎搜索出与“猫”有关的宝贝16.8927万件，天猫会从中筛选出6000件，分作100页，每页60件予以显示，从而确保给用户提供匹配度较高的搜索结果。

在这个过程中，淘宝天猫搜索引擎对用户输入关键词的“猜”可以分为以下三个阶段：

（1）匹配词。

淘宝天猫搜索引擎“猜”用户输入的关键词并非毫无根据，而是对用户在某个时间段的关键词搜索行为进行积累与概率统计，从而“猜”出用户想要什么。比如，用户在输入栏里输入“小米”，淘宝天猫搜索引擎会“猜”出用户可能是想要一个小米手机，从而将小米手机推荐给用户，而不是我们生活中吃的小米。

（2）分配类目。

淘宝天猫搜索引擎会对提取出来的商品进行类目匹配。比如，用户搜索“猫”的时候，呈现出来的商品类目有“猫/狗生活日用”“电力猫”“毛绒/布艺玩具”等类目，从而便于用户进一步根据类目筛选要找的宝贝。

（3）个性化搜索。

淘宝天猫所追求的个性化搜索是根据买家上网时留下的痕迹，如曾经购买过什么宝贝、曾经把哪些宝贝放入了购物车、收藏过什么宝贝或店铺等，从而去判断用户的本次搜索会倾向于要什么样的宝贝。目前，个性化搜索从价格、性别、品牌、爱好、地域等方面来看，的确为买家搜索购物提供了便利；对卖家而言，把做生意回归到研究顾客需求，提高产品与市场需求的契合度上，有利于改进卖家的服务质量。

可见，平时在淘宝天猫上看到的宝贝标题很大程度上是提供给淘宝天猫搜索引擎看的，从而让系统“猜”出这就是搜索某关键词的用户真正需要的。

2. 宝贝排序

淘宝天猫搜索引擎“猜”出用户需要的商品并提取出来后，就要对这些宝贝进行排序。为了给众多宝贝排定显示次序，就需要搜索引擎进行一番计算。一般来说，淘宝天猫搜索引擎主要考量两方面分值情况：一是考量店铺指标，我们用淘宝的“江湖文化”（阿里巴巴员工多有武侠小说中的外号，如马云的外号为“风清扬”，为金庸武侠小说《笑傲江湖》里的一位绝顶高手）来比喻的话，可以把店铺分值视为内功的高低，是习武者的底子，无疑，内功底子好的人会比内功底子差的人更有优势。通常情况下，店铺的得分指标有好评率、是否被处罚、是否被举报、是否被投诉、动销率与滞销率情况、店铺装修的基本情况等；二是考量产品指标，本书会在后面详细阐述这方面的内容。

总之，做淘宝天猫就是做生意，无论淘宝天猫搜索引擎采取了什么样的算法，都是为消费者服务的，目的都是让消费者有更好的购物体验，希望消费者能够在最短时间内买到最想要的商品，减少消费者选择时的烦恼。所以，淘宝天猫搜索引擎从根本上来说是希望为消费者提供更好的购物体验，商家若能深刻明白这一点，在淘宝天猫上用心做生意，通过淘宝天猫SEO为消费者提供更佳的购物体验，那么会对商家运营大有裨益。

淘宝天猫自然搜索的原理

通常来说，自然搜索流量是指当买家在搜索宝贝的时候，宝贝不用付费就自然展现在买家面前，买家点击一次就算是一个流量。一个店铺能不能有长远的发展，自然搜索流量起着关键作用。可以说，网店的自然搜索流量稳定，对店铺的转化率和人气也会有积极的影响。

了解淘宝天猫的自然搜索原理可以帮助我们制定更好的SEO策略，让宝贝从海量数据中脱颖而出。淘宝天猫自然搜索原理如图2-2所示。

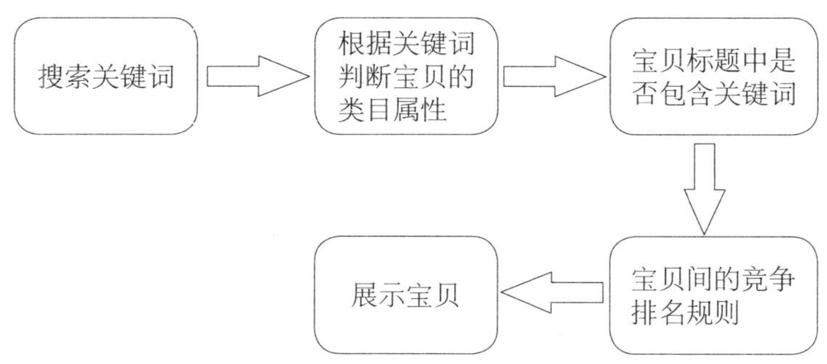

图2-2 淘宝天猫自然搜索原理

上图反映了关键词自然搜索的整个流程，从中可以看出，宝贝的类目属性及标题是最初的筛选环节，筛选后会再进行竞争排名，从而得到最终的展现排名。可见，宝贝的类目属性、宝贝标题以及被搜索出的宝贝之间的排名竞争规则是自然搜索的关键。

根据上述自然搜索原理，店铺要提高自然搜索流量，可以参考如下做法。

1．把宝贝的中心词放在标题最前面，提升宝贝的搜索权重

一般来说，商品的类目可以作为中心词，比如发布的宝贝是“牛仔裤”，那么中心词就是“牛仔裤”。中心词的前面和后面最好加上热搜的关键词，如“新款、时尚、秋冬款”等，由于天猫注重商品的品牌因素，中心词前可以加上品牌关键词，如“花花公子”“海澜之家”等。

关于如何确定有针对性的热搜关键词，商家可以运用数据魔方、淘宝指数以及生意参谋等工具，从中查找针对性强的搜索热词。这方面内容，本书会在后面进行详细阐述。

2．把宝贝相关的属性词放在标题后面，提升搜索的精准度

我们平时在淘宝天猫中可以看到很长的宝贝标题，如“2016冬装新款韩版气质优雅加厚呢子大衣毛呢外套女中长款大码斗篷”，在这个标题的后半部分的“外套女中长款大码斗篷”就是宝贝属性，加上这些属性，宝贝的标题会更精准。

3．类目相关性

这是指宝贝的类目属性与宝贝是否相匹配与关联，这是因为，只有宝贝类目属性与宝贝相匹配，买家搜索到宝贝时才是买家所需求的。否则，即便侥幸被展示出来让买家搜索到，由于宝贝与类目属性不匹配，也不会起到有效的作用。同时，宝贝与类目属性不匹配一旦被系统察知，宝贝可能要面临降权。

4．转化率

这主要是通过宝贝7天转化率以及30天转化率来看。通常情况下，转化率

高的宝贝，意味着比较畅销，受顾客欢迎，淘宝天猫搜索引擎也喜欢将这些受欢迎的宝贝优先展示出来。

5. 其他

比如，宝贝若有违规行为，如虚假交易、重复铺货、价格不符等，就会严重影响宝贝排名；另外，店铺的好评率、退货率、客服响应时间、纠纷率等因素同样会影响宝贝的自然搜索权重。

可见，我们要根据淘宝天猫的自然搜索原理，优化店铺与宝贝，从而获得自然搜索流量。

宝贝点击率对宝贝排名的影响

点击率是淘宝天猫数据考核中的一项非常重要的指标，除了影响宝贝流量，还会影响宝贝排名。这是因为，当买家搜索之后，选择并点击了产品，点击率越高，意味着受欢迎度越高，在搜索排名中更利于靠前。

最初，淘宝主要是依靠销量、转化率等因素判断宝贝受欢迎程度的，后来，两个起家于电商导购平台的网站美丽说和蘑菇街，运用了点击率对排名影响的规则，从中筛选出受用户欢迎的产品，并给予较高的展现权重，于是，淘宝天猫也运用了点击率对排名影响的规则。

淘宝天猫虽然流量很大，但相对于平台上众多的店铺而言，平均流量却是有限的。如何把这些有限的流量分配给最有潜力、最受欢迎、消费者最需要的商品呢？在这方面，淘宝天猫提升了点击率对宝贝排名的影响。具体来说，在经过点击率判断后，淘宝天猫搜索引擎会再通过销量、转化率、UV数，以及服务质量等因素给出综合评价，最终确定宝贝的排名。

一般来说，每个产品上架后，淘宝天猫平台都会给其展现的机会，毕竟站在淘宝天猫平台角度看，是不会放弃有潜力的新产品的。如果上架的宝贝在点击率方面表现较好，平台往往会给其分配更多的流量。可以说，影响点击率的因素有很多，主要有以下三个。

1. 产品匹配度

产品描述要与其自身属性和功能相一致，要最大可能地匹配买家需求，只有这样，买家在看到宝贝信息后，才会感到搜索出的是有用信息，并进行点击查阅。

2. 图片优化

由于网上购物不同于线下购物，买家无法像线下那样触摸与全方位感知，因此，宝贝图片在向买家直观展示方面就显得非常重要。在现实中，不少买家看到某些搜索出的宝贝后进行点击，是出于图片对其的吸引力。

3. 有效点击

不是所有点击都是有效点击，如何判断一个点击是否是有效点击呢？举例来说，如果你看到一个宝贝的主图产品后觉得很喜欢，点击进去之后，在5秒之内就退出，淘宝天猫系统会认为仅仅是主图做得漂亮，但产品介绍并不满足用户的需求，就很难属于有效点击。

总之，宝贝点击率对宝贝排名有着比较重要的影响，为此，商家要由内而外地做好宝贝点击率，从而努力确保产品获得好的排名。

宝贝评价对宝贝排名有什么作用

在淘宝天猫中，宝贝评价是消费者考虑是否购买该商品的一个参考依据；对商家而言，也是网店运营中非常重要的一个环节。那么，宝贝评价情况对排名有什么样的作用呢？

举例来说，假如销售了一些产品后，获得了若干差评，这在淘宝天猫系统看来，该商家的售后服务很可能有问题，或者产品质量不行，试想，在这样的情况下，淘宝天猫还会给这个商家更多流量吗？假如给这个商家更多流量，消费者看到在淘宝天猫里搜索出的产品有那么多差评，又会如何看待淘宝天猫平台呢？要知道，淘宝天猫作为电商平台，与海量用户的支持是分不开的，淘宝天猫平台希望给用户提供最适合的购买建议和体验，从而培养用户的黏性，为此，平台会削减评价率低的产品和店铺的展示机会。

在人际交往中，第一印象非常重要，实际上，搜索引擎在判断产品的评价率指标时，店铺的前期评价率会起到重要作用。为此，在进行搜索引擎优化时，要特别留意产品前期的评价情况。举例来说，假如产品前期的好评率达到99%，即使后期突然来了两单差评，一般对评价率指标也不会构成太大的影响。当然，这并不是说前期评价重要、后期评价不重要，我们应该在整个过程中都努力服务好顾客，争取赢得每个好评。当然，相对而言，前期评价更重要，毕竟“先入为主”。

那么，商家如何才能提升前期的好评率呢？

一般来说，商家在经营网店时，最好建立一个老客户的名单，把老客户加到微信或者QQ好友里，鼓励客户提意见和评价，必要时，还可以给老客户一定的优惠，从而逐渐累积一定的好评量。

在实际运用中，不少店铺采取了“好评有礼返现”等活动，也就是说，客户购买产品后，若能在规定时间内给予好评，店铺会对客户予以返现奖励。一般来说，店铺采取类似“好评有礼返现”的活动时，一定要用心做好服务，不要让客户觉得就是一种简单的“好评交换”。

另外，淘宝天猫上还有“追评”功能。比如，天猫规定，交易成功后的15天内，买家可以评价，若超过15天，双方则无评价；买家首次评价后，可以在180天内再追加评价1次。因此，假如商家售后服务有问题，或者产品质量不够好，很可能会有客户追加的差评。对此，商家一定要耐心给客户做好合理的解释，从而尽可能避免差评。

最后，卖家在淘宝天猫上销售产品，卖的不仅是产品的使用价值，还包括向买家提供完善的服务，这两者是连接在一起的。这需要卖家有清晰的认识，并且很可能是店铺经营中竞争力的体现。可以说，买家在选择从哪个店铺购买的时候，不仅是在比较商品的质量和价格，也在观察卖家对买家应该承担的责任。一个能够主动承认错误、勇于承担责任的卖家，会得到更多买家的认可。

店铺动销率对宝贝排名的影响

动销率是淘宝天猫考核商家，给商家打分的一个参考因素。动销率的计算公式如下：

动销率=（有销量的宝贝品种数÷在线销售的宝贝品种数）×100%

也就是说，动销率能反映在店铺上架销售的所有商品种类里产生过销量的商品种类占比情况。这个指标可以反映出店铺中各类商品的销售情况。与动销率相对应的概念是滞销率，滞销率的计算公式如下：

滞销率=（滞销的宝贝品种数÷在线销售的宝贝品种数）×100%

其中，滞销商品是指在90天内没有任何一笔交易，这类商品通常会被搜索屏蔽，不会进入搜索库，也就是说，用所有的标题去搜索也搜索不到这类滞销商品。另外，假如店铺中存在滞销商品，那么在搜索排序中是要被降权的。从这个意义上来说，店铺的动销率越高越好。

一般来说，商家能够做到在7天之内，每个单品宝贝都至少有一笔销量是最好的，对店铺权重也有利。通常情况下，对很多店铺而言，动销率为80%是及格线，90%是优秀，100%是最好。

关于如何快速查看店铺里存在哪些滞销商品，商家可以在“生意参谋—经营分析—异常宝贝—零支付”里面看到7天内没有产生任何销量的单品宝贝。

对每个店铺而言，肯定不希望出现哪怕一款滞销商品，然而不少店铺常会面临滞销商品的困惑。那么，为什么会出现滞销的宝贝呢？主要有以下几点原因：

1. 市场无需求

比如，商家上架了一款市场根本不需要的产品，无论商家怎么推广都是无用的。做淘宝天猫店铺，讲究顺势而为才可以做起来，如果逆市场而行又怎能被市场接受呢？

2. 在产品上架前没有做好准备

一个新品上架前，最好获得一定的展现，检测其有无市场潜力，是否被消费者认可，做好宝贝上架计划，然而现实中，不少买家没有做好宝贝上架计划。

3. 定价太高，脱离市场和自身情况进行片面定价

有些店铺错误地以为在网上做生意要靠“忽悠”，实际上，随着电商的普及，消费者在网上购物越来越成熟，商家再按十几年前电商初期的套路“出牌”显然不可行。

4. 同款太多

不少商家有跟风心态，看到哪个爆款好卖，就一窝蜂地跟着去做，结果使大家的产品高度同质化，消费者也无法分辨这些高度雷同的产品里哪些是好的，就干脆选择销量最高的，也是最安心的，从而使卖得好的产品卖得更好，零销量的产品更不好卖。

那么，商家如何把动销率做到100%呢？一是可以找老客户帮忙，做回馈老客户的活动，把零销量宝贝改为低价或者成本价促销，或者做“买一送一”活动，努力把产品销售出去，这样老客户得到了实惠，动销率也做到了100%，店铺权重就提高了；二是开展让利代销活动，比如淘宝客，店铺可以让出一部分利润给网络导购者，以带动导购者的积极性等。

影响店铺排名的因素有哪些

一般来说，淘宝天猫店铺运营者都希望自己的店铺在自然搜索排名中能够比较靠前，以获得优先展示宝贝的机会。那么，影响店铺排名的因素，通常有哪些呢？下面就进行一下汇总。

1. 宝贝标题和宝贝属性

宝贝的标题往往是行业热门关键词加上宝贝的类目属性词。如果宝贝类目没有选好，属性词也没有做好，将直接影响自然搜索流量。

2. 选择关键词

宝贝标题关键词的细分要用其所在类目下的热门关键词，这样，当客户搜到相关关键词时，宝贝就有机会排到前面。这是因为：一方面，淘宝天猫系统推荐的词，搜索流量巨大，往往是标题中必备的关键词；另一方面，淘宝天猫系统推荐的不同的词会对应相应的产品，从而让我们了解到市场上正在热卖的产品，这对我们做店内搭配套餐是一个重要的参考。

3. 宝贝主图和详情页

宝贝主图应该真实反映宝贝最直观的一个部分，要避免让过多的文字图片掩盖宝贝真实的面貌，要努力让买家通过宝贝主图辨认出宝贝细节。为了更好地提升买家的搜索购物体验，淘宝天猫搜索引擎会将质量较差的主图进行流量限制。

如果宝贝主图能在第一时间吸引买家的注意力，宝贝详情页又给买家提供了与商品本身密切相关的信息，就能提高宝贝的购买转化率。一般而言，详情页对宝贝自然排名的影响主要体现在转化率、跳失率和访问时间等方面，如果这些指标均表现优秀，那么淘宝天猫搜索引擎会认为宝贝主图和详情页比较符合买家的需求，从而会增大其权重。

4. 店铺动态评分

在淘宝天猫店铺的信用评价里，有一项是店铺动态评分，该评分涵盖了三个评分标准，分别是：宝贝与描述相符、卖家的服务态度，以及卖家的发货速度。淘宝天猫将这里的分数与同行业的平均水平相比较，得到一个参数值，然后通过这个参数值给店铺和宝贝分配权重。

店铺动态评分是买家给予的，如果综合服务质量好，买家给的分数往往就会高。现在，淘宝天猫搜索规则中对服务的要求越来越高，从自然搜索上来看，前几个页面的商家一般都是在宝贝与描述相符、服务态度、发货速度方面做得很好的商家。

5. 转化率和支付宝使用率

在经营店铺的过程中，我们常发现，有些客户将商品放入购物车后，总会由于各种原因，未能及时付款或者最终关闭交易，这种情况往往会对店铺的成交额、支付宝使用率等指标产生影响。为此，要努力分析客户最终没有选择成交的原因。

一般来说，要提升店铺转化率，可以参考这些做法：将店铺“装修”到位，确保商品描述页图文并茂、合理搭配，以增强对客户的吸引力；要确保店铺内商品的描述页面能够快速打开，细节图片可以正常、快速地显示，一个迟迟不能正常打开的宝贝，往往会使大量客户流失；在店铺首页、热门页面、重要位置要放上店铺活动宣传介绍等标识。

支付宝使用率的计算公式如下：

支付宝使用率=（实际使用支付宝的金额÷买家拍下商品的总金额）×100%

该项指标只是针对卖家，也就是说，卖家的销售额中，有多少比重是用支付宝完成交易的，这与卖家在别家买进无关。

需要注意的是，交易关闭对支付宝使用率的影响极大。无论你是手动关闭，还是系统自动关闭，都会计算在内。因此，对于买家拍下后不买，或者拍错了，不得不关闭交易的这些情况，一定要能杜绝就杜绝。

6. 旺旺在线时长

保持旺旺天天在线是非常重要的。这就好比我们去逛线下门店时，如果发现门店里只是自助式购物，没有人为自己提供任何服务，即便在购买过程中有问题也无人为自己解答疑惑，那么顾客的体验肯定会有不同程度的下降。而且，淘宝天猫上有大量的商家，可谓竞争激烈，如果没有足够的时间在线，又何谈竞争？

实际上，在淘宝天猫上搜索时，位于前几页的店铺几乎没有旺旺不在线的。另外，旺旺在线以及旺旺的回复响应时间都是影响搜索的因素。当然，如果卖家实在太忙，起码要给旺旺设置一个自动回复，也算是一种响应速度。

什么是淘宝天猫搜索的分词逻辑

以淘宝天猫中的一个宝贝标题为例，宝贝标题中涵盖了“太空棉外套女2016”等词语，其中，“太空棉”“外套”“女”“2016”就是分词，由这些分词组成长尾关键词，又称长尾词，其优点是具备可延伸性、针对性强、范围广。

淘宝天猫在给这些长尾词权重时，主要是看每个分词的权重，然后组合起来，从而判断长尾词整体的权重。那么，淘宝天猫系统为什么会有这样的逻辑判断呢？举例来说，假如一件商品的标题里包含了“修身”这个词语，该词语的权重又很高，那么淘宝天猫系统会认为该商品与“修身”非常相关，从而使包含“修身”的长尾词获得很高的权重。

那么，这些分词的权重又是如何决定的呢？主要是通过组合词点击率、组合词点击量、组合词转化率等因素来决定每个分词的权重。例如，搜索“太空棉中长款外套”时，发现点击率、成交率比较高，这就意味着，“太空棉”“中长款”“外套”这三个分词的权重比较高。假如某件产品的标题中与这三个分词非常相关，系统会进一步提升其在排名方面的权重。

总的来说，淘宝天猫通过分词权重来定义产品关联度，当客户搜索关键词时，淘宝天猫会判断产品是否与这个关键词相匹配，从而决定给产品什么样的排名。一般而言，淘宝天猫的分词逻辑主要基于以下五个方面的原则。

1. 紧密结合

举例来说，在店铺里销售一款连衣裙，并在宝贝标题中包含了“雪纺连衣裙”，淘宝天猫会把这个词进行拆分，变成“雪纺”和“连衣裙”，接着，淘宝天猫依靠其庞大的词库，去找这些词所对应的最优类目的交集，这样交集出来的词就是比较相关的了，这是简单的拆次和匹配。假如用户在搜索“雪纺连衣裙”时，店铺内包含了该长尾词的宝贝在类目属性上又有高度的匹配，那么会有更好的排名权重。

2. 不要有异议

淘宝天猫上的商品种类繁多，为了给用户呈现高度相关的商品，淘宝天猫系统不希望宝贝标题模棱两可，含有歧义。为此，宝贝标题中要尽力避免有异议的分词。比如，“bei zi”这个拼音，既可以是“被子”，也可以是“杯子”，明显带有争议，假如宝贝标题中有这样的分词，会对排名权重不利。

3. 宝贝属性进索引

一般情况下，用户在淘宝天猫中搜索时，系统会先去匹配用户搜索的关键词的类目分布，然后去匹配标题高度相关的宝贝，并根据一系列的权重规则决定宝贝的呈现与排名。其中，建议适当将宝贝的若干属性写入标题中，以作为系统判断关键词时的一种索引。

比如，有件男士西装的标题是“西服套装男士西装三件套新郎结婚礼服职业商务韩版修身正装冬季蓝”，将标题中的分词依次分开，即为“西服/套装/男士西装/三件套/新郎结婚礼服/职业商务/韩版/修身/正装/冬季/蓝”，其中，“韩版”“蓝”等分词便为该西装的属性，包含在标题中，会增加搜索的针对性。需要注意的是，属性和标题不能冲突，假如宝贝属性中选择的是“红色”，标题中却是“蓝”，这就属于违规，会被进行降权处理，卖家对此要引起注意。另外，宝贝标题的字数极其有限，在标题中通常不会加上类似“/”

这样的符号，我们在这里加上“/”，是为了便于分割关键词进行观察，这点需读者注意。

4. 词性

宝贝标题是由淘宝天猫系统去识别的，那么，如何才能让淘宝天猫系统准确识别宝贝的标题呢？系统会识别词性，从中判断出中心词，假如宝贝标题没有被系统识别出中心词或识别错了，那么对宝贝排名会不利。为此，宝贝标题中的中心词通常要使用名词予以强调，比如在上面男士西装标题的例子中，标题的前面部分就强调了“西服/套装/男士西装”的概念。

5. 书写顺序

淘宝天猫中的宝贝标题在书写上通常有两种顺序：一种是搜索顺序，比如“牛仔裤/女/韩版”，这是根据搜索习惯排列的顺序；另一种是用户的阅读顺序，比如“韩版/牛仔裤/女”。一般来说，宝贝的标题是供用户阅读的，淘宝天猫搜索引擎也是在致力于不断为用户提供更佳的搜索购物体验，所以，宝贝标题往往也要参考用户的阅读顺序来确定。

揭秘淘宝天猫搜索模型

淘宝天猫平台上商品种类繁多，用户数量动辄数千万甚至上亿，用户搜索的关键词也可谓各种各样，那么，淘宝天猫搜索引擎具体是如何为众多宝贝划分优先级，并最终呈现排名结果的呢？这里有一个分层模型的思想。

具体说来，淘宝天猫搜索模型大致可以分为七种模型，这七种模型，从下往上，经过层层筛选，数量逐渐减少，仿佛一个“金字塔”。具体如图2-3所示。

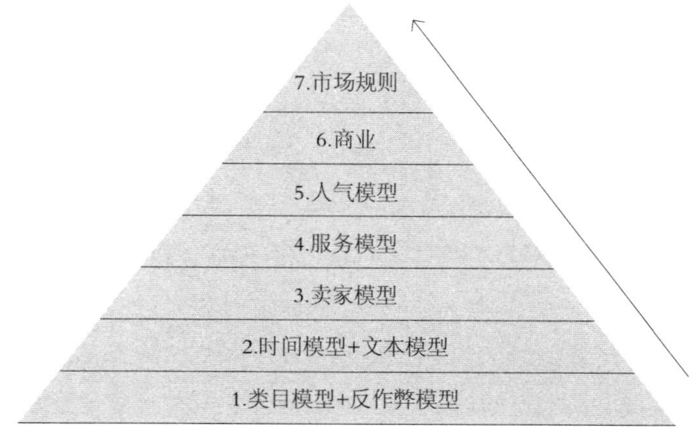

图2-3 淘宝天猫分层搜索模型

根据上图中的淘宝天猫分层搜索模型，假如某宝贝在发布时，由于错选了类目，没有满足第一层类目模型的搜索要求，即便其后面的其他模型做得不错，也得不到很好的展现。可见，做淘宝天猫SEO，一定要有系统性的整体思维，逐级做好优化。

其实，上述七层模型，从某种程度上看，相当于是淘宝天猫系统对宝贝的各级考评。那么，在各层模型中，应该怎样提升宝贝在考评中的得分呢?

1. 类目模型+反作弊模型

可以说，类目模型与反作弊模型属于搜索中比较基础的，系统首先会检索类目与属性填写是否正确，其次检查该宝贝是否有作弊行为，若该模型下的宝贝并无异常，就会进入下一个搜索模型进行评估。

我们知道，在查汉语字典时，如果将首字母作为索引，那么索引字母务必要正确。例如，我们查找汉字“书”，应该先锁定字母S，然后在该索引下继续查找，如果由于编辑疏忽，把“书”错放在了字母M的索引下，那么汉字“书”在字母M的索引下就永远不会被发现。假如把淘宝天猫看作一本字典，那么类目无疑是索引，如果把宝贝放错了类目，后果就会像把汉字放在了错误的字母索引下那样。

在反作弊模型中，无作弊行为的店铺往前排，有作弊行为的店铺往后排，作弊次数越多就越往后排。

2. 时间模型+文本模型

在该层模型中，淘宝搜索和天猫搜索会有所区别。如果是天猫搜索，得到的搜索结果全是天猫宝贝，将不计算宝贝上下架时间；如果是淘宝搜索，得到的搜索结果，既有淘宝宝贝，也有天猫宝贝，在淘宝搜索排序中是计算上下架时间的。因此，如果要看是否计算上下架时间，就要看在哪个入口搜索。

在淘宝搜索中，商家发布宝贝时，系统会自动记录当前发布的时间，以此来作为宝贝的上下架时间；在其他搜索权重相同的情况下，越是临近上下架时间，越会有利于宝贝排名靠前，从而优先得到展示。

所谓文本模型，主要是搜索关键词与宝贝标题中关键词的匹配度，关于此方面内容已经在前面阐述过，在此不再赘述。

3. 卖家模型

在其他因素相同的情况下，天猫店铺优先，有消保（“消费者保障金”的简称）的淘宝店铺其次，无消保的淘宝店铺最后。在淘宝店铺中，信誉级别高的优先于信誉级别低的，但是现在店铺信誉对排名的影响已经非常小。

4. 服务模型

该层模型主要包括这些因素：旺旺平均每天在线时间，旺旺在线时间好比营业时间，一般来说，营业时间越长的店铺，展示的优先级越高；旺旺平均第一响应时间，假设有买家通过旺旺咨询，旺旺能够立刻做出响应，表明该项服务较好；投诉率；店铺动态评分；买家好评率；退款率；等等。在这些因素中，店铺动态评分、投诉率、买家好评率、退款率影响相对较大。

5. 人气模型

这主要是考察宝贝被喜欢的程度，其中转化率是重要的参数，此外还有销量。除了这两个指标，还有单个宝贝浏览量、老客户占比、上直通车的宝贝排序优先等。

6. 商业模型

这主要是考察品牌，同一类目、相同类型的产品，在其他因素相同的情况下，品牌的权重高，非品牌的权重低。现在，淘宝，尤其是天猫，正在逐渐向品牌化发展，单纯以卖货思路经营、缺乏品牌意识的店铺，在淘宝天猫上会被日益边缘化。

7. 市场规则

简单地说就是附加权重，例如我们玩游戏时，每个游戏角色都有属性，分别是力量、敏捷、智力。店铺权重、宝贝权重、关键词权重也是这样，当我们给游戏角色增加力量属性时，其攻击力、防御力就会相应提高。因此，我们可以把市场规则比作附加权重，例如新品标签、宝贝权重增加。

淘宝“千人千面”与精准化营销

“千人千面”是淘宝在2013年提出的新的排名算法，其实现原理是：淘宝通过买家在淘宝上的访问记录（如浏览、收藏、购买、加购、分享等因素）给买家打上“标签”，同时根据宝贝被访问的记录给宝贝和店铺也打上相应的“标签”，从而实现买家与宝贝和店铺的个性化匹配，达到给1000个人不同的需求精准匹配1000个不同的页面，即“千人千面”。当然，这里的“千”是一个泛指数量众多的概念，并非固定的“一千”。

淘宝之所以推出“千人千面”的算法，有这样几个原因：一是淘宝以及天猫的商家数、产品数增加迅速，原先的算法比较倾向于销量、人气等因素，这使平台上的小商家很难存活；二是原先的排名算法中，高人气排名的宝贝占80%左右的流量，导致流量过度集中于爆款，市场失去平衡，市场产品千篇一律，大家都在模仿爆款，缺乏创新，由于流量大多集中在爆款上，使需求匹配不够精准。

可以说，淘宝“千人千面”算法在一定程度上体现了淘宝减轻爆款对流量的左右，实现优质宝贝轮番展现，防止数据作假（包括限制刷单、换宝贝等）的战略目标，打破了流量“一边倒”的情况，使很多小卖家也能分配到流量，在淘宝天猫平台没有任何损失的情况下，更有利于中小卖家的发展。

与此同时，马云还提出了“小而美”的概念，希望广大店铺针对买家的个性化需求，做好店铺定位，这样的话，也有利于小卖家在“千人千面”算法中获得展现的机会，并以“小而美”取胜。

比如，同一个产品可以在多个流量池出现，不同的流量池权重计算指标不同，某个小众范围的用户可以形成一个流量池，产品被系统贴上的标签会决定产品在不同的流量池有不同的排名；一个宝贝不可能在所有页面都出现，这是因为任何宝贝都不可能把所有人群的标签都覆盖掉，所以大卖家难以像过去那样垄断流量；同一个宝贝可以展示在多个流量池中，那么在打造爆款时，要尽可能多地去获取更多流量池；店铺要更加注重产品规划、价格定位、风格定位、人群定位，要走精准化、精细化的路线，这是店铺发展的大方向。

在具体操作中，商家除了要关注传统PC端的流量外，还要关注近些年无线端的崛起，可以尝试在无线端发布消息，这样的话，不仅关注的买家可以查阅，淘宝系统也会根据发布的内容和质量进行抓取和推荐；注重分享，在现实中，不少购物分享已经变成了流量入口，系统也会自动抓取和推荐优质的分享，一般来说，分享又可分为站内分享和站外分享，站内分享主要是买家在站内“晒”自己的购物体验，这方面的权重也很大；发展淘宝达人做推广，比如淘宝客推广，商家按照成交比例付费，可以获取更多的展现、流量和成交机会；给商品贴上“7天无理由退换货”“运费险”“金牌卖家”等标签，每个标签相当于一个流量入口，可以满足相应的买家需求。

总之，正如一些资深淘宝天猫运营者所说：“以前的淘宝是物以类聚，现在的淘宝是人以群分。”淘宝“千人千面”的深层次含义，是希望为淘宝天猫平台上的买家和卖家提供一种精准化营销的规则，从而改善买家的购物体验，促进淘宝天猫平台上的流量获得健康发展。对此，商家一定要深刻理解“千人千面”的真谛，在精准化搜索匹配中赢得机会。

淘宝天猫搜索常见问题解答

1. 问：淘宝天猫SEO筛选共分为几步，分别是什么?

答：当买家搜索一个关键词的时候，淘宝天猫搜索机制会进行宝贝的筛选，最终会将SEO做得好的宝贝展示在前面，对此，本书在前面讲述淘宝天猫搜索模型时有所提及。总的来说，淘宝天猫搜索引擎筛选的过程分为以下七个步骤：

（1）相关性筛选。不相关的产品，淘宝天猫搜索引擎会直接屏蔽掉，比如买家搜索“牛仔裤”，某商家的宝贝是“连衣裙”，那么这些不相关的宝贝会被直接屏蔽。

（2）违规过滤。有过违规行为的宝贝会被直接屏蔽。

（3）优质店铺筛选。淘宝天猫会优先选择权重高的店铺。

（4）优质宝贝筛选。淘宝天猫会优先展示权重高的宝贝。

（5）上下架筛选。当淘宝天猫将很多优质宝贝筛选出来后，为了公平起见，会按照下架时间来排序，通常来说，宝贝离下架时间越短，它本身的权重就会越高，既给了将下架宝贝优先获得展示的机会，也便于买家多些购物选择。

（6）橱窗推荐。所谓“橱窗推荐”，又称为“卖家热推”，指每位商家根据店铺的实际经营情况，将店铺内最有竞争力的宝贝设置成橱窗推荐的方式，以便被买家看到，如果卖家希望看到店里更多的宝贝，则需要进入店铺中。在淘宝天猫搜索排序中，当其他条件相同时，橱窗推荐的宝贝将获得优先展示的机会。

（7）个性化筛选。淘宝天猫搜索引擎会根据买家的浏览习惯、购买习惯等因素对宝贝进行排序，从而使推荐出来的宝贝排序最符合买家的需求。

2. 问：什么是店铺权重和宝贝权重？

答：简单来说，就是淘宝天猫搜索引擎对该宝贝与店铺的好感度，如果淘宝天猫认为店铺和宝贝重要程度高，那么店铺和宝贝的权重就会越高，淘宝天猫给的排名就会越好。

3. 问：请问比较重要的淘宝天猫搜索违规都有哪些？

答：比较常见的主要有12种：超低价格、超高邮费、偷换宝贝、滥用标题、宝贝不符、违规商品、重复铺货、宣传商品、错放类目、同样的产品发布在不同的类目里、SKU作弊以及虚假交易。

4. 问：什么样的点击对搜索权重的提高是有帮助的？

答：通常需要满足三个因素：停留时间长、无跳失以及上下浏览。也就是说，一个访客进入你的店铺后，鼠标要有上下滑动的动作，或者键盘上下键的操作，要把店铺描述信息浏览完，然后点击店铺页面上的任何一个链接，包括购买、收藏、设为首页等。如果访客在店铺页面里停留时间很短就关闭，或者没有上下浏览的行为，淘宝天猫系统会认为页面不吸引人，甚至可能会降低店铺权重。

5. 问：为什么参加活动的宝贝，搜索权重反而降低？

答：如果店铺的宝贝参加活动，可能会导致三个结果：第一，会带来销量的暴增，在活动结束后销量随之暴降，淘宝天猫系统不喜欢销量暴增暴降的商品；第二，会带来很多不精准的流量，从而在一定程度上降低转化率；第三，会带来中差评，尤其是差评会严重影响宝贝和店铺的搜索权重。

6. 问：怎么理解一类词、二类词和三类词?

答：按照竞争宝贝的数量，我们可以把所有关键词分为三类：低竞争度的词为一类词，中等竞争度的词为二类词，高竞争度的词为三类词。一般来说，零权重或者低权重的宝贝标题中应该以80%的一类长尾词和20%的二类中等词组成。

7. 问：宝贝标题做出来后，多长时间需要修改?

答：一般情况下，我们使用生意参谋（淘宝天猫的一款数据分析工具）里的搜索流量诊断功能来监测该宝贝时，重点关注标题中哪些关键词能带来流量，哪些关键词连展现都没有。在观察一到两个周期后，需要将没有带来展现的关键词删除，替换新的关键词，将能给店铺带来流量的关键词保留。这种标题优化的工作需要持续地做。

第三章
练好内功：开店必知必会

在淘宝天猫店铺上做SEO，不仅要获得出色的排名，获取流量，更要在从流量到销量的转化率上下功夫。要做到这点，就需要规划好店铺，练好内功，增强店铺的吸引力。顾客一走进店里，发现店铺商品展示得一塌糊涂，购物环境也不优美，可能又会离开店铺，这在淘宝天猫店铺中称为“跳失”。假如一家店铺每天的跳失率很高，就说明店铺自身经营方面存在比较严重的问题。

淘宝天猫店铺页面的架构

当买家访问店铺时，从某种程度上来说，是在访问网页的页面。这是因为，每家淘宝天猫店铺都是由很多页面组成的，买家每次通过浏览器看到的都是一个一个的页面。买家浏览页面的种种行为，将会形成店铺经营中的一系列指标，并最终影响成交转化率。

做淘宝天猫SEO，让宝贝和店铺获得好的排名，得到流量，那么当买家访问到你的店铺时，要实现把流量转化为销量，与你店铺的自身竞争力还是有很大关系的。俗话说“打铁还需自身硬”，把店铺里的每个细节都努力做好，这样的话，买家来到你的店铺，你才能让买家不虚此行，并给买家留下愉悦的购物体验。为此，需要了解搭建淘宝天猫店铺的艺术。先来看淘宝天猫店铺的架构，在此基础上，尽心尽力把架构中的每个板块做好。

尽管淘宝店铺和天猫店铺在风格上有所区别，但二者在架构方面基本上大同小异。淘宝天猫店铺页面架构的组成示意图见图3-1。

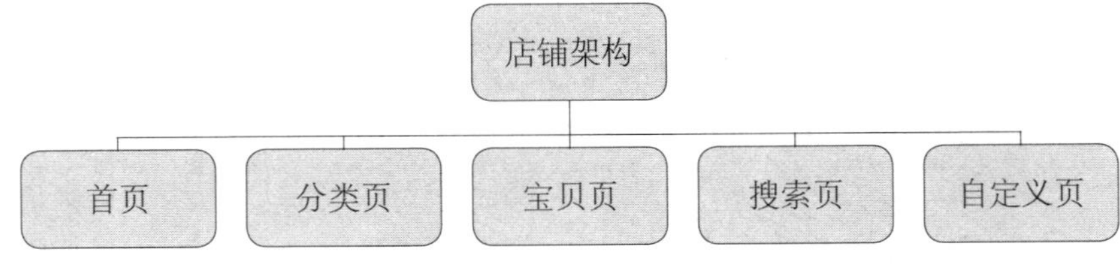

图3-1 淘宝天猫店铺架构示意图

基于淘宝店铺与天猫店铺在架构上是相通的，下面就以天猫店为例，介绍下店铺架构中各板块页面优化的注意点。

1. 首页

首页可谓是一个店铺的门面，也是店内流量分配的中转站和分配中心。此外，首页还承载店铺的推广活动，所以首页的流量非常重要。然而，首页的流量占全店流量的比例又不宜过高，毕竟客户来到首页后，需要点击链接到宝贝页才能完成购买行为。因此，首页的流量以占全店流量的20%左右为宜。图3-2为某阶段的天猫店铺首页示意图。

图3-2 天猫店铺首页示意图

从上述店铺首页中，可以看到天猫LOGO、店铺LOGO、店铺举办的一些促销活动等信息，用户通过访问店铺首页，可以比较容易地访问到其他任何板块的页面。

2. 分类页

分类页是店铺内的宝贝按照共同特性归类的集合页面，承载了全店类目导航的作用。一般来说，分类页的流量以占全店流量的15%左右为宜。在图3-2中，上部有一行信息就反映了部分分类信息。分类页的示意图见图3-3。

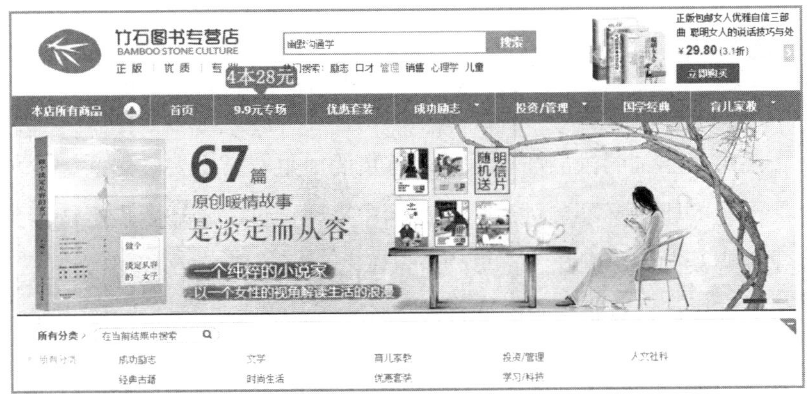

图3-3 天猫店铺分类页示意图

在上述分类页示意图中，买家可以根据类目属性的需要，进行有针对性的搜索，从而为选购商品提供了便利。

3. 宝贝页

这是指店铺宝贝的详情页，宝贝页在全店流量中的比例应该在50%以上，是全店最为重要的页面。宝贝页的示意图见图3-4。

图3-4 天猫店铺宝贝页示意图

在上述宝贝页中，买家可以看到产品的详细信息，以及商家的服务承诺、支付方式等，从而使买家得到关于产品和店铺服务的丰富信息，为购买决策提供了有益的帮助。

4. 搜索页

这是指客户在店铺的关键字搜索框中输入某个关键词，搜索店内宝贝而生成的宝贝列表页。设置该页的目的是方便客户在店铺中通过关键字查找到自己想要的宝贝，因此，搜索页流量应占全店流量的10%左右为宜，若比例过高，说明客户在店铺中通过搜索页查找多次，但未找到想要的宝贝。搜索页的示意图见图3–5。

图3–5 天猫店铺搜索页示意图

在上图中，用户在店铺搜索栏中搜索“学创业”关键词，店内相关宝贝会予以呈现，能方便用户的查找。

5. 自定义页

该页包括活动页面和其他二级页面，很多店铺的自定义页面主要是介绍服务须知、导航流程、品牌故事等，是卖家根据自身个性需求做出来的页面，比如制作的某活动专题页面等。该页承载的作用相对有限，在全店内占的流量比例为5%左右。自定义页示意图如图3-6所示。

图3-6 天猫店铺自定义页示意图

上图中，主要介绍了店铺的快递、发货时间、正品保证、售后服务等信息，还显示了旺旺在线咨询服务，能使买家对店铺服务状况有一定了解。

总的来说，店铺各类页面的流量情况在很大程度上反映了店铺流量的健康程度，其中，增加宝贝页的流量占比是提升店铺转化率的一个重要前提。

淘宝天猫店铺的访问量

店铺访问量主要通过PV和UV两个指标来反映。PV 的全称是Page View，即页面访问量，用户访问店铺内任何一个页面时均被记录一次，如果用户多次打开或刷新同一个页面，该指标值累加；UV的全称是Unique Visitor，即独立访客数，一台电脑或一部无线手持设备（如手机）为一个访客，指在某个时间段内，店铺内各页面的访问人数，若同一访客多次访问一个页面，该指标会予以去重。

也就是说，PV与UV的最大区别在于UV是进行去重的，一个访客在统计时间段内即便多次访问一个页面或刷新这个页面，仍计算为一次，而PV则是每打开或者刷新一次都会累加一次。

正如本书前面所阐述的，一般情况下，如果不是卖家通过钻石展位、直通车，或者某些大型活动进行推广，为首页导入了大量的流量，首页在整个店铺内的流量都不会太高，为20%左右。从买家的搜索浏览入口路径和过程上进行分析，大部分买家都是通过在淘宝天猫中搜索关键词寻找产品才进入店铺的，买家进入店铺的方式通常是先点击宝贝图片，再进入宝贝详情页，必要时可能会再到店铺首页看看。因此，首页的PV和UV在店铺整个流量中的占比通常不是最高的。

另外，如果店铺首页的PV和UV太低，也不是好事：一方面，反映出收藏店铺的人数比较少，也就是老顾客比较少；另一方面，宝贝详情页等页面可能引导比较差，尤其是一些正在装修中的店铺，可能在宝贝详情页里甚至还没有首页导航栏，顾客想去首页都找不到入口。

对很多淘宝天猫店铺来说，增加店铺首页以及详情页等页面的PV和UV，是店铺获取流量的关键，难以想象，店铺没有流量又怎能有销售机会。那么，淘宝天猫店铺，尤其是新开时间不长的店铺，应该如何以最小的成本来提升店铺的PV和UV呢？以下方法可以尝试一下。

1. 店铺一定要精美新颖

店铺的外观是给顾客的第一印象，这方面的功夫务必做足。店铺不必装修得太过奢华，以免让顾客产生眼花缭乱的感觉，一定要简洁清新，产品分类要精细，分类名词要有吸引力，选择的图片要精美，从而吸引浏览者的眼球，让顾客愿意停留更长的时间。

2. 多参加淘宝天猫的站内活动

一般来说，淘宝天猫对新开的店铺有些优惠推广活动，商家要积极参与，争取获得展现的机会；店铺还可以做些促销活动，如低价甩卖、秒杀（主要是激起买家的抢拍欲望）、赠送礼品、包邮等活动，从而尽可能地吸引买家访问。

3. 站外推广

商家还可以在站外设置链接，比如在百度贴吧里发帖，在帖子中加上店铺链接，还可以到豆瓣、天涯论坛等平台发帖。商家还可以在“百度知道”里长期回答与店铺所售商品相关的问题，假如每天坚持回答10个与自己店铺相关的问题，一个月就有300个左右，长期坚持，给店铺带来的PV和UV是不可小视的。

4. 做好每个细节

顾客通常是通过宝贝关键词搜索进入店铺的，对此，商家可以利用一些工具，选出最适合宝贝的关键词，比如淘宝天猫均提供了量子统计工具，打开量子统计工具，可以了解顾客是通过什么关键词进入店铺的；选择宝贝的上架时间也是很重要的，会直接影响到宝贝的关键词排名，商家一般要选择上网高峰期上架宝贝；合理利用橱窗推荐位，可以有效提高宝贝的点击率等。总之，正所谓“细节决定成败”，商家一定要努力经营好店铺的每个细节。

淘宝天猫店铺的跳失率

跳失率是指用户通过相应入口进入店铺，只访问一个页面就离开店铺的访问次数占该页面总访问次数的比例，它是衡量被访问页面质量的一个重要因素。举例来说，在100个人中，有80个人看了店铺里的一个页面就跳出，意味着该页面的跳失率为80%。

一般来说，用户此前已经通过某种方式对页面形成事实上的访问，跳失的原因往往是感觉搜索点击到达的页面与预期不相符合，再进一步来说，也就是感觉页面的内容、服务，甚至对网站的整体感觉均与之前的预期不相符合，才导致用户的跳出。

通常情况下，用户访问在形成转化之前，需要先考虑跳失情况。跳失率与转化率之间的关系示意图见图3-7。

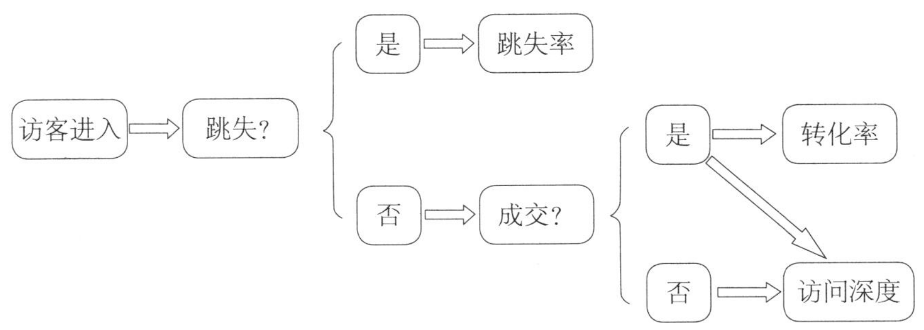

图3-7 跳失率与转化率之间的关系示意图

在上图中，假如访客进入了淘宝天猫店铺的一个页面，若从该页面跳失，不再访问该店铺，则会计入跳失率；若未跳失，则查看是否成交了，若成交了，则会计入转化率，否则计入访问深度。另外，为了实现店铺的精细化管理，即便形成了转化，店铺仍会统计访客的访问深度。这里的访问深度是指用户在浏览店铺的过程中所浏览的页面数。比如，用户访问了店铺首页，接着访问一些宝贝的详情页，以及促销活动页等，用户访问了店铺里几个页面，深度就是多少。假如用户访问了店铺首页就离开，说明访问深度很浅；假如用户在店铺里访问了很多页面，从很大程度上能反映出用户对店铺和宝贝感兴趣。

通常情况下，卖家的目的是希望顾客访问店铺后能够下单购买。如果访客看过店铺首页后就直接离开，卖家就没有机会推销商品。首页的一个重要作用是分流各种流量到具体的页面，尤其是宝贝详情页，如果访客在这期间直接跳失，显然不利于店铺转化率的提高。

总的来说，首页跳失率要控制在30%以下，当店铺在做大型促销活动和钻展的时候，由于曝光度高，可能会有很多购买意向不太强的流量进来，即便这样，首页的跳失率也应该控制在50%以内。实际上，50%的比例就已经不小了，意味着一半进入首页的流量白白地流失了。

在实际经营中，若商家发现店铺内某类商品的跳失率低，则可以得知该类商品对顾客吸引力大，应增加此类商品。比如，某店铺全店跳失率为80%，而针织类商品的跳失率普遍为40%，则店铺可以考虑增加针织类商品的数量；若商家发现某组关键词的跳失率低，可以得出此类关键词对顾客的吸引力大，应增加此类关键词的覆盖面，如“加绒、加厚、保暖”等同类关键词；若商家发现跳失率高，转化率也高，则不管是店内还是店外流量带来的成交，都说明这个商品有市场，对此，商家可以优化商品及入口流量；若跳失率低，转化率也低，那么这类商品可以用来做流量入口商品，引导顾客访问店内其他页面，同时对商品自身进行优化。

淘宝天猫店铺的转化率

淘宝天猫店铺的转化率是所有到达某个店铺并产生购买行为的人数和所有到达该店铺的人数的比率。举例来说，在某个时间段内，有100个人访问了店铺，最终有1笔成交，意味着店铺的转化率是1%；若100个人中有10笔成交，意味着店铺的转化率是10%。

转化率会直接影响店铺的销售额，销售额的计算公式如下：

销售额=客单价×访客人数×转化率

在上面的公式中，客单价是指每个顾客平均购买商品的金额，即平均交易金额。该公式反映出，在访问人数和客单价不变的情况下，转化率的提高可以直接提升店铺整体的销售额。可见，转化率对店铺的重要性不言而喻。

那么，应该怎样提升店铺的转化率呢？具体可以从以下几点进行：

（1）宝贝详情页要突出卖点，给顾客提供充分的购买理由。一般来说，产品卖点要穿插于详情页之中，要不断强调，从而加深顾客印象，让顾客记住这个产品，尽可能避免用户跳失。

（2）与SKU对应的产品图要上传，否则对转化率会有影响。商家还可以在宝贝规格中填写SKU文案，概括宝贝要点，这对转化率都是有帮助的。如图3-8所示。

图3-8 单品宝贝SKU示意图

在上图中，宝贝主图的右侧有“尺码”和“颜色”分类，就构成了该店铺内这款商品的最小计量单位（即SKU），具备一类SKU的商品可以称为一个单品。

（3）评语对转化率有着致命的影响。来自顾客的评价对访客有着更加真实与重要的意义，甚至可以直接决定访客是否要下单购买。对此，商家一定要关注评语。如果之前的买家给了好评，一定要表示感谢，再接再厉；如果给了中评，尤其是差评，商家一定要主动、真诚地联系买家，表示歉意，尽可能挽回负面评价。总之，商家一定要让买家感到自己的真诚、负责任，毕竟没有哪个买家会愿意找个不负责任的店铺购物。

（4）鼓励买家“秀”图片。尽管商家努力把宝贝主图做得很精美，但是在真实性方面，力度一般要比来自真实买家“秀”出的图片逊色不少。一般来说，买家“秀”出的图片，会对转化率有着重要的影响。

（5）做好网店客服工作。客服主要是提供给客户产品问题解答和售后咨询等服务。如今，淘宝天猫网店的客服分工已经达到很细致的程度，有通过旺旺聊天、电话解答买家问题的客服，有专门的导购客服，帮助买家更好地挑选商品，还有专门的投诉客服等。客服是店铺的窗口，买家虽然看了宝贝页面后有了初步的购买意向，但是往往还会在购买之前询问客服，因此，客服工作质量可谓构成转化的“临门一脚”，商家一定要重视。

宝贝主图优化的注意事项

通常情况下，买家是通过关键词搜索，浏览搜索出来的宝贝主图，并进行点击来访问店铺宝贝的，可见，主图更像是一个宝贝的形象图，可以展现出宝贝最好的一面。一个好的宝贝主图不仅可以吸引买家点击，更是买家对宝贝的第一印象，对最终的成交转化起着不可忽视的作用。

对宝贝主图的优化，淘宝天猫官方进行了明确的规定，在实际优化过程中，若商家没有按照淘宝天猫官方的要求制作宝贝主图，不仅不会增大点击率，甚至会受到相应的处罚。为此，在优化宝贝主图时，需要注意以下两点。

1. 主图不可以在短期内频繁更换

如果商家在短期内频繁更换主图，有可能会被淘宝天猫系统认为“偷换宝贝”，从而对宝贝产生不利影响。因此，商家在上架宝贝前，要对“主图”“描述”“标题”等信息进行认真检查，确认无误后再上架。

在实际工作中，有些商家在发布宝贝的时候，宝贝标题是匆匆地随便写几个字，属性也是随便填写几项，主图更是随便拍了张照片，甚至从别处“拷贝”一张照片就上架了，宝贝上架意味着对外发布“产品进入销售状态”；接着，在销售过程中，商家觉得宝贝标题、主图等方面还不够满意，又再去编辑和修改，这种做法对宝贝和店铺都有不利的影响。

这就好比在线下的实体店中，将商品放到展架上销售，在销售过程中，店主又多次修改商品描述信息，显然会对店铺与商品的规范性有不利影响，起码显示商品描述状态不稳定。实体店铺里的商品在上架销售前，都会在相应的仓库里储存与制作所需的销售标签，当制作完毕后再上架销售更稳妥些。

其实，在网店里上架宝贝与实体店相似，比较安全的做法是先把宝贝上传到“仓库”，在“仓库”里对宝贝进行一切必要的修改，当所有信息反复检查无误后，再上架出售，就能确保宝贝以全新的状态参与竞争。

当然，毕竟“百密难免一疏”，如果商家将宝贝发布成功后，需要更换主图，应该怎么做呢？这时一定不要直接将主图替换，一般情况下，主图会有若干张，可以把做好的主图上传至几张主图中的第二张，等待24小时过后，淘宝天猫系统数据更新后，再将第二张主图移至第一位，即可完成更换，这样可以避免被系统误判为“偷换宝贝”，避免对宝贝造成不利的影响。

2. 主图要确保清晰整洁

有种主图被称为“牛皮癣图片”，即在宝贝主图上直接添加“文字”和“水印”，并且超过主图面积的1/5，就像图片上有了一块一块的“牛皮癣”。淘宝官方早在2012年就规定，“牛皮癣图片”会影响搜索排名结果，在其他条件相同的情况下，“牛皮癣图片”的宝贝在排名上会靠后，有些“牛皮癣图片”严重的类目甚至可能被下架。

那么，可能有商家问，淘宝天猫上这么多商品图片，几张“牛皮癣图片”就像大海捞针，系统怎么会发现呢？目前，淘宝系统检索图片可以采用图文分离技术，将图片中的文字和图像部分轻易地分开，并判断出什么地方加了文字。因此，在给宝贝主图上加营销词的时候，不要直接在图片背景上加，或者直接覆盖到图片上，而是要添加一个背景，在新的背景上添加文字，或者严格控制字数，这样的话，就不会被检测到是“牛皮癣图片”了。给宝贝主图正常添加文字如图3-9所示。

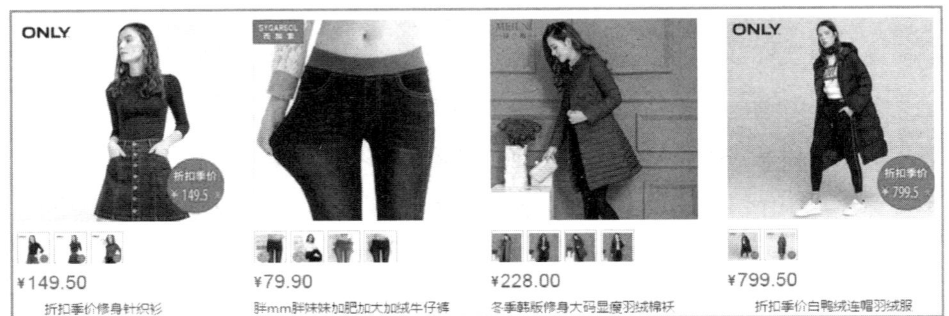

图3-9 正常添加文字的宝贝主图

在上面的图片中，宝贝主图严格控制添加的文字数，而且确保文字不影响主图效果，突出了店铺宣传品牌的意识，对此，在制作宝贝主图时可以借鉴与参考。

宝贝主图优化的常用招数

前面我们已经讲过了优化主图的注意事项，这节就介绍下优化主图的常用招数。

总的来说，优化宝贝主图时要遵循两个原则：一是突出主产品，主产品所占比例要控制在61.8%，遵守黄金分割点原理，一般来说，按照黄金分割比例设计的造型会非常美丽，给人很好的视觉享受；二是文案用语要简洁，直击要点，严禁冗繁拖沓。

基于上面两个原则，下面介绍实践中常用的五个优化主图的方法，以供参考。

1. 把产品放在使用场景中

任何一种产品都有其相应的使用场景，这也是其使用价值的具体体现。比如，雨伞可以用来遮雨，菜刀可以用来切菜，图书可以用来阅读和增长知识，服装可以保暖与显示形体美等。为此，把产品放在某种使用场景中的主图，更易激起买家的共鸣。图3-10展示的就是把产品置于使用场景中的主图。

图3-10 把产品置于使用场景中的主图

上图中展示的产品是电动车雨披，如果不配合使用场景，只是单纯地展示电动车雨披，效果肯定大打折扣，甚至让顾客难以知晓产品该怎么用；相反，将雨披置于使用场景中，顾客一目了然，结合自己的生活实际情形，自然便于激起顾客购买的情感共鸣。

2. 用实物图展示产品的特性

如果产品有某些显著特性，那么商家可以配置实物图来展示这些特性。举例来说，如果要强调菜刀的锋利，可以做出用刀切割极薄而透明的肉片，或者切割鱼片等，这种有实物的图片要比单纯用文字强调“锋利”更有效果，并且能够更直观地展示出产品的优良特性。

3. 展示产品的配套件或赠品

有些产品在使用中需要配合一些配套件使用，或者有附赠的赠品，这些都可以在主图中体现出来。比如，买菜刀送刀套、刀架、磨刀石，买秋冬季头盔送手套、围脖、防雾镜片等，配有这些配套件或赠品的主图，能更好地体现产品的性价比。

4. 利用从众心理，适当展示产品的累计销量

大部分人都有从众心理，人们一般会想，既然大家都买了，想必坏不到哪

里去。就像在现实中，越是人气旺的饭店，去就餐的食客越多，甚至不惜排队等；越是冷清的饭店，越是无人问津。基于此，如果商家的店铺里有些主推商品，而且累计了不错的销量，则可以在主图中适当展示有震撼力的累计销量，如“一年累计销售100万套”等。当然，商家在罗列销量时，要尊重事实销量，不可随意编造。另外，现在天猫主图下一般附有月成交量信息，对此，商家如果需要在主图中强调有震撼力的销量，更需要尊重事实。

5. 适当选用模特作为主图元素

现在，有不少商品在展示时需要有模特的配合，比如，服装类商品，如果没有模特，那么服装的效果是难以充分展示的。在选用模特作为主图元素时，应该尽可能使用真人模特，切忌直接“拷贝”明星头像做拼接，否则，一方面有法律风险，另一方面容易使图片失去真实度。

另外，模特图可以同时展现正面、侧面和背面，这样做会比只展现一面更全面和有吸引力。在必要情况下，可以选用多个模特图，以提升顾客的信任度和购买决心。有时候，单个模特图会让买家担心跟自己不搭配，但是多个模特图就能极大地增强买家的信心，产生视觉冲击和美感。当然，模特图也不宜过多，否则图片加载慢会影响浏览速度。

除了上述常用招数外，基于不同客户对颜色的喜好不一样，要针对产品的定位选好主图的产品颜色，并提供多种可选颜色，以提升用户点击主图进一步浏览和购买的吸引力。

顾客对淘宝天猫店铺的关注点

本书在前面介绍了淘宝天猫店铺的各个页面，包括首页、分类页、宝贝详情页、搜索页、自定义页等，这些页面是顾客访问店铺时要浏览的页面，它们通过链接有机结合起来，共同组成一个完整的网上购物平台。一般来说，店铺内各个页面的关注点不同，向顾客传递的信息也不同。

相比较而言，首页是店铺的门面，是顾客进店后第一眼看见的页面，因此，首页良好的设计风格会给顾客留下深刻的第一印象；分类页起到导航作用，顾客通过访问分类页可以对自己要购买的商品进行初步定位；宝贝详情页，又称为产品页，是宝贝的展示页面，顾客通过访问宝贝详情页可以详细了解产品，从而最终做出购买决定；搜索页是顾客通过关键词搜索精准定位某类产品的页面，可以帮助顾客快速找到自己要找的产品；自定义页包括很多内容，通常是卖家自我特色的体现，通过访问自定义页可以帮助顾客进一步了解店铺及其商品。

在店铺实际经营中，顾客对店铺的关注点，主要包括以下几个方面。

1. 从首页到宝贝详情页、分类页等页面的点击率

从首页到宝贝详情页、分类页等页面的点击率，反映了顾客对店铺及其所售商品的感兴趣程度。如果点击率高，反映出访客对店铺与产品很感兴趣，对

店铺的页面也不反感，愿意多了解。总的来说，店铺设计的格局应该让访客感到清晰易懂，而且愿意深入其中，不是瞥一眼就离开。可以说，较高的点击率有助于促进转化率的提高，如果顾客不愿意从首页访问点击其他页面，那么再好的宝贝也会难以被发现。所以，商家应该努力提高访客从首页到店内其他页面的点击率。

2. 宝贝详情页的关注点

正常情况下，宝贝详情页在全店流量中的比例应该在50%以上，是访客直接了解产品信息最重要的页面。宝贝详情页的关注点有：浏览量和访客数，这是转化率形成的基础；跳失率，如果宝贝详情页的跳失率很高，说明宝贝没有让人购买的欲望，这时，卖家就要分析原因所在，一般来说，宝贝详情页的跳失率不要高过店铺平均跳失率；收藏率，收藏率越高，说明该款宝贝受欢迎的程度越高，毕竟很少有人会收藏自己不感兴趣的商品；成交转化率，开店做生意就是要促成成交，因此，商家要多关注详情页的流量情况和成交转化率情况。

3. 宝贝详情页的数据指标

这里的数据指标，主要分为两种情况：一是收藏率高，但是转化率低，也就是说，很多人喜欢，但是真的花钱购买的人少，出现这种情况有多个原因。比如，价格较高，虽然对产品感兴趣，但是价格超出心理预期，很多人不舍得购买，于是就先收藏，等以后降价了再购买；或者是产品销量和评价太少，顾客还无法下决心购买；或者是季节性产品，比如顾客在冬天时看到了一件喜欢的夏装，便先收藏，等来年夏天再购买等。对这些因素，商家要注意分析与解决，如果价格实在太高，就不妨搞“促销优惠”降降价，毕竟现金流对于开店来说还是很重要的；如果是产品销量和评价的原因，就努力优化这些因素；若是季节性因素，就设身处地想一下，自己是否会购买错季商品，然后做出相应的调整。

宝贝详情页还有一项数据指标是收藏率低，但是转化率高，这种情况不太常见，大多发生在一些价格较低的产品上，比如“9.9元包邮”，顾客看到产品适合自己，价格又不高，干脆直接购买，懒得去收藏。当然，这种情况并不是绝对的，便宜的产品并非收藏率就一定低，需具体情况具体分析。

总之，做淘宝天猫SEO，一定要注重细节，练好内功，从而在让店铺获得流量的同时，真正能够获得出色的转化率与好评率，让自己的店铺发展成为有信誉、有实力、口碑好的金牌旺铺。

第四章
淘宝天猫站内SEO优化技巧

淘宝天猫站内SEO是运营者通过优化店铺宝贝标题、类目属性、上下架时间等来获取较好的排名，从而获得淘宝天猫站内自然搜索流量的一种技术。

从某种程度上来说，淘宝天猫站内SEO也可以称为淘宝天猫站内免费流量开发，运营者能够最大限度地吸取淘宝天猫站内的免费流量，从而有效地节省淘宝天猫店铺的运营成本。接下来，就让我们看看怎样进行淘宝天猫站内SEO吧！

如何挖掘关键词

淘宝和天猫宝贝的标题字数均要求最多不能超过30个汉字，可以说，宝贝标题中的每个文字均堪称宝贵的关键词，一个好的标题对宝贝的畅销能起到重要的作用，因此，标题中的关键词可谓“一字千金”。

关键词通常有三类：第一，类目主关键词，也就是产品的名称，如连衣裙、休闲裤、羽绒服、笔记本、手机等；第二，属性关键词，又称为二级关键词，主要是在类目主关键词上加了一个修饰，如新款连衣裙、薄款休闲裤、短款羽绒服、联想笔记本、小米手机等；第三，长尾关键词，是在主关键词上加多个修饰词，一般是两个或者两个以上关键词，如“夏季/新款连衣裙白色”“薄款休闲裤/大码/潮”“短款羽绒服/男/修身”“联想笔记本/正品包邮”“小米手机/正品/32G”等。

在上述三类关键词中，类目主关键词覆盖的人群最多，但是相对不精准，长尾关键词覆盖的人群最精准，但是覆盖人群少，属性关键词覆盖的人群居中。在掌握了关键词的种类后，接下来看如何挖掘这些关键词。挖掘关键词的途径有很多，下面就介绍下其中主要的几种。

1. 搜索框下拉词

在淘宝天猫的搜索框里搜索关键词的时候，下拉框里会出现很多候选词，这些词都是容易搜索到的热门词，通常流量很大，竞争也比较严重。如果产品比较有竞争力，各方面权重也比较高，那么不论是标题优化，还是开直通车，都可以参考下拉框里的热门词。搜索框下拉词如图4-1所示。

图4-1 天猫搜索框下拉词示意图

在上图中，用户在天猫搜索框中输入“圣诞节礼物”关键词，下拉框中会出现一系列热门词，这些热门词可以供商家参考。

2. 相关词

在淘宝天猫的搜索框里搜索关键词时，搜索框下部总会出现一些相关词，通常来说，这些词的流量也比较大，同样是众商家的“兵家必争之地”。如图4-2所示。

图4-2 天猫搜索框相关词示意图

在上图中，同样以在天猫搜索框中搜索“圣诞节礼物”为例，在搜索框下部会出现“生日礼物”“创意礼物”等相关词，相对来说，这些词在精准度方面要弱些，因此，在选取的时候应尽可能考虑与宝贝描述相符合的相关词。

3. 生意参谋

生意参谋在2011年成立，现已发展为阿里巴巴商家端统一的数据产品平台，主要服务于1688商家、淘宝和天猫商家。生意参谋里有个搜索词分析的功能，包含了行业热词榜和搜索词查询榜。

其中，行业热词包含了热门搜索词、热门长尾词、热门核心词、热门品牌词、热门修饰词等，其数据统计的及时性非常强，有助于挖掘潜力词、飙升词，从而优化标题与直通车。

生意参谋里的搜索词查询功能，可以针对关键词进行重点分析，我们用得比较多的是里面的“相关搜索词”功能，还可以结合关联修饰词和关联热词进行组合，这些组合出来的新词也是标题优化和直通车关键词的重要来源。

4. 直通车后台推荐词

所谓直通车，就是在搜索框中搜索商品关键词时，在搜索结果页面的两侧会出现一些商品图片，用户若点击，那么参与直通车推广的商家则需给淘宝天猫平台付费，用户不点击则商家不产生费用。

商家在开通直通车推广后，在直通车后台会有很多来自系统推荐的关键词，如热搜词、潜力词、飙升词、锦囊词、质优词等，在直通车后台还可以解析关键词的引流能力，从而为我们挖掘关键词提供参考。

5. 排行榜

淘宝、天猫开店，找到关键词是关乎成败的重要因素，进而对关键词做出一系列分析，最后找到合适的供应商。淘宝、天猫宝贝的关键词影响着宝贝的排名，只有设置的标题最接近买家搜索词汇的宝贝，排名才会靠前。因此，掌握当前热搜词是每个卖家的必修课。

在淘宝网中有个“排行榜”模块，可以统计“今日”“今周”等时间段的关键词排行情况，排行榜的上升次和热搜词本身就是非常好的取词来源。如图

4-3所示。

图4-3 淘宝排行榜关键词示意图

在上图中，淘宝网按照首页及若干类目统计了关键词，并对关键词排名情况进行了统计。需要注意的是，对于他人的热门品牌词，绝不可将其抢来放入自己的标题里，有些商家误以为可以抢到他人的流量，实际上这种行为会侵犯权利人的知识产权，属于滥用他人商标中的关键词，若对方发起投诉，那么违规商家不仅要删除宝贝，还会面临扣分，对店铺权重的影响也很大。因此，商家在挖掘关键词的时候，一定要合情合理合规。

怎样看待“蓝海”关键词

所谓“蓝海”，是相对于“红海”而言的，要注意的是，这里的“蓝海”和“红海”均不是地理概念，其中，“蓝海”意味着没有恶性竞争、充满利润的新兴市场，“红海”则泛指竞争相当激烈的市场。

相对应的，“蓝海”关键词是关键词里的一种，又被称为“蓝海词”“长尾词”，指有搜索且竞争度不大的关键词，通常情况下，“蓝海”关键词对应的精确匹配产品数量不会超过3页，因而是同行竞争度较低的关键词。可以说，对淘宝天猫上流量相对较小的小卖家而言，“蓝海”关键词可谓其梦寐以求的关键词，不与大型卖家争流量的数量，而去争流量的有效性和精准度。

那么，商家应该如何看待和运用“蓝海”关键词呢？总的来说，商家不宜盲目使用“蓝海”关键词，这是因为，竞争度与市场容量存在正相关的关系，“蓝海”关键词意味着一个竞争度不大的领域，也就是说机会也不会太多，假设某个“蓝海”关键词，其全部流量仅指向单一宝贝，那么在总量上肯定不会太多。

一般来说，如果店铺实力不够强，宝贝在同类商品中的竞争优势也不够大，那么商家倒是可以适当考虑运用“蓝海”关键词，毕竟有助于吸引来精准客户；但是对规模较大的店铺而言，每天对流量需求很大，选用“蓝海”关键词则不利于引流，相反，商家在竞争度大的关键词上多付出努力，即便最后只获得一小部分流量，那么流量的绝对值总量往往也会比“蓝海”关键词大很多。

另外，“蓝海”关键词往往是长尾词，当一个买家搜索长尾词时，已经表明这个买家非常清楚自己要买什么样的产品，搜索目标很明确，这种长尾词尽管可以带来流量，但是若稍有一点不如买家的购买预期，就很难形成转化，还会影响宝贝的人气评分。

在实际工作中，商家要洞悉竞争力小的“蓝海”关键词与竞争力大的热门关键词之间的利弊，将两者互补起来使用。比如，长尾词往往是最精准的，如果店铺品牌定位做得好，全做一类人群或一种风格，主攻小众市场，那么长尾词吸引过来的流量会获得更好的发挥；热门词的竞争力比较大，一般来说，热门词短小精悍，搜索次数多，流量巨大，店铺需要具备较好的综合权重才能在热门词的搜索中获得好的排名，并为店铺引来大量的流量。

总的来说，热门词主要用来引流量，长尾词的专业性比较强，搜到的人会少些，但是买家的精准度比较高。比较好的做法是，热门词和长尾词都设置，既满足大众流量的搜索需求，也满足小众市场的精准需求，在宝贝标题中合理搭配热门词和长尾词，从而发挥出更好的效果。

如何写好宝贝标题

在获得关键词后，如何将关键词组合成一个优质标题，对商卖家来说是一件重要的事情。为了更好地理解如何组建标题，先看下对构成标题的关键词所进行的分类，这些词语主要分为四类：一是营销词，这类词又分为两种，一种反映了产品本身特点，如某年新款、某品牌正品、爆款、新品等，另一种是促销活动特点，如清仓甩货、热卖、反季特价、包邮、秒杀、促销等；二是类目词，是产品的类目名称，如女装、内衣、男装、手机、图书音像等；三是属性修饰词，主要包含商品本身的特性，以休闲裤为例，修饰词有直筒、加绒、加厚、保暖、舒适等，主要是一些围绕商品描述的词汇；四是核心关键词，一般是产品名称，如碎花连衣裙、小米手机、棒棒糖等。

在将标题中的关键词分好类后，如何将它们有序地排列为标题呢？根据买家的阅读习惯，在这里给出一个书写标题的“公式”，供大家参考：

标题公式=营销词+类目词+属性词+核心关键词

一般来说，上面的标题公式主要是基于大众阅读习惯的，卖家在实际工作中可以根据实际需要予以调整，必要时可以融入一些长尾词，提高面对用户的精准度。为了突出实战性，我们根据淘宝“排行榜”中对成交指数较高的标题进行分析，以帮助大家更好地拟写宝贝标题。需要注意的是，淘宝“排行榜”中的优质标题排名涵盖了淘宝网和天猫网两大平台上的商品。接下来，主要根据淘宝“排行榜”中列出的八个大的类目进行优质标题分析。

1. 服饰

例：

欧美/女装/冬季/大码/毛衣/女/加厚/打底裙/长袖/针织连衣裙/秋冬款/2016新款

在上述成交指数较高的标题中，“欧美”“冬季”“秋冬款”“2016新款”是营销词，“女装”是类目词，“大码”“女”“加厚”“长袖”是属性词，“针织连衣裙”是核心关键词，“毛衣”“打底裙”则是附加的长尾词，这几种关键词的组合可谓错落有致。

2. 数码家电

例：

xiaomi/小米/小米笔记本Air/13.3英寸/超薄/办公商务笔记本/手提电脑

在上述标题中，“办公商务笔记本”是营销词，“手提电脑”是类目词，“xiaomi/小米”“13.3英寸”“超薄”是属性词，“小米笔记本Air”是核心关键词。

3. 化妆品

例：

[买3送1]/珍视明眼贴/缓解眼疲劳/护眼贴/去淡化黑眼圈眼袋细纹/眼膜贴

在上述标题中，“[买3送1]”是营销词，“护眼贴”“眼膜贴”是类目词，“缓解眼疲劳”“去淡化黑眼圈眼袋细纹”是属性词，“珍视明眼贴”是核心关键词。

4. 母婴

例：

童装/男童裤子/加绒加厚/长裤/冬季/2016新款/大儿童棉裤/秋冬休闲裤童裤

在上述标题中，“冬季”“2016新款”是营销词，“童装”是类目词，“加绒加厚”是属性词，“男童裤子”是核心关键词，“长裤”“大儿童棉裤”“秋冬休闲裤童裤”是长尾词。一般来说，适量的长尾词有助于优化流量的精准度。

5. 食品

例：

创意/糖果/情人节/巧克力礼盒装/圣诞节生日礼物/千纸鹤/送女友

在上述标题中，“创意”是营销词，“糖果”是类目词，“千纸鹤”是属性词，“巧克力礼盒装”是核心关键词，“情人节”“圣诞节生日礼物”“送女友”是长尾词。

6. 文体

例：

大容量升级版/户外登山旅行/可折叠/背包/皮肤包/男女学生双肩包/防水

在上述标题中，“大容量升级版”是营销词，“背包”是类目词，“可折叠”“防水”是属性词，“男女学生双肩包”是核心关键词，“户外登山旅行”“皮肤包”是长尾词。

7. 家居

例：

包邮/雨布/防雨防晒布/聚乙烯防水布/帐篷布/雨篷布/遮阳布/白色雨布/热卖

在上述标题中，“包邮”“热卖”是营销词，“雨布”“雨篷布”是类目词，“白色雨布”是属性词，“聚乙烯防水布”是核心关键词，“防雨防晒布”“帐篷布”“遮阳布”是长尾词。

8. 车/玩具/宠物

例：

卡通/毛绒/暖手抱枕/毛绒玩具/午睡枕/生日礼物/送女生/包邮

在上述标题中，“包邮”是营销词，“玩具”是类目词，“卡通”“毛绒”是属性词，“毛绒玩具”是核心关键词，“暖手抱枕”“午睡枕”“生日礼物”“送女生”是长尾词。

总的来说，一个优质的宝贝标题会将各类关键词组合得当，既便于用户阅读，也便于搜索引擎搜索，对此，商家需要在实践中不断尝试新方法，努力提高编辑宝贝标题的本领。

标题优化要有度

做淘宝天猫SEO，标题优化固然重要，但正如俗话说的“过犹不及”，因此，标题优化要有度，要把主要精力放在提升产品品质、店铺服务等方面。除此以外，在标题优化中，还可以考虑用户输入关键词时的实际状况，比如有些用户搜索关键词时，可能会输入错别字、拼音字母，虽然这是一些常识性错误，但是也会有人这样做，基于此，商家在标题的关键词组合里，可以适当加入一些关键词的错别字或者拼音字母。举个例子，有些用户想搜索“小米”，可能会在输入框里输入“xiaomi”拼音，假如标题里有这样的拼音，就会被更容易搜到。当然，无论是错别字，还是拼音，都要与目标关键词相关，这样搜索出的结果对用户来说才是有意义的。

在优化标题时，不宜频繁地修改标题，变化幅度也不能太大。通常情况下，以每周对局部分词做一次替换为宜。对热卖的宝贝，修改标题一定要慎重，最好别轻易改动标题，以免节外生枝。

对店铺内的一些低销量的宝贝，不一定非要争夺热词，可以适当选择长尾词，通过长尾词获取精准流量。一般来说，一个分词不能单独构成标题，需要与其他分词有机组合成搜索关键词，从而为店铺引来流量。那些构造长尾词能力较强的分词，往往可以引来更多流量。

此外，在用相关推荐词、系统推荐词进行搜索时，可能会发现有些宝贝的在售数量虽不多，但是搜索量却不小，这些高搜索、低竞争的机会词通常能为店铺引来不少流量。基于此，要在工作实践中主动发掘这些机会词，从而运用到宝贝标题优化中。可以说，在竞争激烈的市场环境中，盲点还是不同程度地存在着的，只要用心去做，“功夫不负有心人”，我们一定可以找到这些机会词的。

在书写宝贝标题时，要尽量让标题生动自然些，不可刻意追求“标准化”，否则不利于用户的独特性体验，影响顾客的转化和再次购买。比如，在前面虽然提供了一个标题公式做参考，但是并不要求大家完全按照公式去套，我们更主要的是帮助大家分析一个标题中包含的关键词种类，要根据需要将这些不同种类的关键词进行灵活搭配。

商家还要尽可能避免关键词内耗，一般来说，对于相同时间内相同的关键词，一个店铺通常最多有2个宝贝能排到淘宝第一页，其他页面也会有类似的约束。假如一家店铺有4款连衣裙的销量都在150件左右，下架时间也比较接近，而且这些宝贝的标题都包含关键词“2017春季新款”，那么就会出现关键词内耗，比如，会有两个宝贝的展现机会被浪费。对此，应该挑出其中两款宝贝，修改其标题中的关键词，这时，不采用“2017春季新款”，不与另外两款宝贝进行关键词内耗，有助于获得更多的展现机会。

因此，品类相同、下架时间接近、销售权重接近的多个宝贝，如果拥有相同的关键词，就会有关键词内耗的可能，商家应适当替换一些宝贝的关键词，以获得更大的宝贝覆盖面。

总之，在优化宝贝标题时，一定要根据淘宝天猫规则，以及用户的搜索习惯等因素进行优化，从而让宝贝有更多的展现机会，获得更多的有效访问流量。

宝贝的上下架时间规划

目前，天猫搜索排名因素中，未列入上下架时间的权重，但在淘宝搜索里是有的。另外，用户在淘宝搜索时，可以带动天猫搜索，毕竟天猫买家也有一部分流量来自于淘宝搜索。正因为此，淘宝卖家优化宝贝上下架时间无可厚非，同时建议天猫卖家也遵守淘宝搜索中的上下架权重进行规划，从而避免不必要的流失损失。

店铺流量中，最重要的流量资源便是站内的免费资源，其中尤为重要的就是搜索带来的流量。搜索排名涉及的因素很多，宝贝上下架时间就是一个重要的因素。如果商家能够合理优化宝贝的上下架时间，就可以让自己的宝贝排名靠前，从而获得免费流量。

一般来说，商家在发布宝贝时，可以选择上下架的周期，通常将周期选为7天，并以7×24小时不间断地进行周转。在淘宝搜索规则中，宝贝距离上下架时间越近，那么就越可能排名靠前。

举例来说，假设今天是周三，某商家在15点30时发布了一个宝贝，那么到下周三的15点30分为一个周期。假如自发布之日起，每天能带来60个自然搜索流量，那么快到下周三15点30分时，在不考虑其他因素的情况下，该宝贝会优先展示在其他宝贝的前面。当然，在实际的宝贝排名中，搜索引擎会参考综合因素，但是上下架时间的因素也是不容忽视的。

既然合理规划宝贝上下架时间会对提高宝贝排名起到有利的作用，那么在规划宝贝上下架时间时，通常可以参考哪些方法呢？在这里给大家介绍两种。

1. 设置在流量高峰时段

通常情况下，宝贝设置在流量高峰时段，可以获得更多被展示的机会，从而相应地得到更多被展示的机会，获得的流量也会更多。据大数据显示，淘宝每周一、周五是流量最多的两天，因此，很多商家都把宝贝设置在周一或者周五上下架。

2. 避开高峰时段

刚刚说过，将宝贝上下架设置在流量高峰时段可以获得更多被展现的机会，这里为什么又要说“避开高峰时段”呢？诚然，高峰时段的流量是比较多，但是众多商家若都一窝蜂地选择在高峰时段上下架商品，就意味着每家店铺平均获得的流量就不是很多了，况且，如果选择流量高峰时段上下架商品，而自己的宝贝竞争优势又不太明显，那么在高峰时段可能对宝贝的销售情况更不利。对此，可以适当考虑避开流量高峰也是竞争高峰的时段，去争夺边缘市场。比如，如果与竞争对手的宝贝相比，自己的宝贝在销量、评价数量、价格、款式、店铺动态评分方面无明显优势，就可以考虑与竞争对手的上下架时间错开。

关于宝贝上下架，除了可以参考上面两种时间段特征进行规划，还要在商品上下架时注意将同类产品细分，将子类目再精细化，按照淘宝展现规则，当关键词被搜索时，最多可以展现两个同店宝贝，为了让同类产品获得更多展现机会，同类产品也应进一步区分开，以及不要过于集中上下架，从而获取更多流量；同时，商家还要分析竞争对手，比如，若本店的爆款跟竞争对手的爆款存在差距，就要主动把上下架时间和竞争对手错开，以免受到影响，若本店爆款已经是行业内的爆款，那么就调整到流量最多的时间段上下架，从而获得尽可能多的流量与转化率。

怎样为宝贝选择类目

淘宝天猫上的类目是指为适应消费人群有针对性地选购各种各样的商品而对商品做出的归类，同时也能对店铺起到规范和引导作用，从而有利于买家快速定位所需要的商品和服务。

举例来说，在淘宝天猫中搜索“连衣裙”关键词，会发现搜索出来的结果无论是自然搜索结果页面，还是右侧和底部的直通车图片展示，几乎都是女装，而不是男装，也不是童装。实际上，“连衣裙”不仅属于“女装”类目，也可以属于“童装”类目，毕竟“童装”类目下有“儿童连衣裙”。那么，淘宝天猫的搜索结果为什么显示的都是“女装”类目，而非其他类目的商品呢？这就涉及类目优选的概念。

淘宝天猫掌握着大量的数据，可以根据数据统计出人们在搜索某些关键词时侧重于购买哪个类目下的所属商品；同时，淘宝天猫也能够清楚地统计出该关键词对应的商品每天在哪个类目下成交量最多，从而将该类目作为优选类目。比如，搜索“连衣裙”关键词，对应商品成交量最大的类目是“女装”类目，所以，搜索引擎会优先匹配“女装”类目。

当然，如果用户希望购买“儿童连衣裙”，那么可以在淘宝天猫搜索框中搜索“儿童连衣裙”，搜索出来的结果几乎都是“童装”类目下的产品。

根据淘宝天猫类目优选的原则，在发布商品时，一定要选准类目，在商品属性上也要避免引起歧义。比如，要发布一款女装连衣裙，在连衣裙的属性里，如果连衣裙是圆领，就不要把它的这个属性填成娃娃领。

再比如，要发布一款专门给准妈妈穿的孕妇连衣裙，那么，在选择类目的时候，是应该选择“孕妇装”，还是“女装”呢？实际上，当在淘宝天猫搜索框中搜索“孕妇连衣裙”时，系统推荐的第一类目是“孕妇装”下的连衣裙，而不是“女装”下的连衣裙。所以，在发布“孕妇连衣裙”的商品时，就要考虑到系统推荐的优选类目，即“孕妇装”类目。在这方面，假如把“孕妇连衣裙”放在了“女装”下，而且产品很优秀，其他指标也不错，那么仍然难以被展现。

因此，在发布商品时，如果不确定商品属于哪个类目最优的时候，可以用一个精准的关键词在搜索框里进行搜索，然后选择系统推荐的排名第一的类目，这通常是最匹配的。

另外，商品所述类目往往是分级的，为此，要从一级类目开始，一级一级正确地选择，确保类目层次的确切清晰。

然而，仍有不少卖家会不时地收到一些“类目错放”的警示，并为之收到降权处罚。有时，卖家看着宝贝类目也都“对”，属性填写得也比较齐全，宝贝标题读起来也通顺，可是为什么还会出现“类目错放”呢？

在为商品划分类目时，首先要明确商品是给谁用的，毕竟商品的使用价值通常是其转化为价值的前提。因此，在给商品选择类目时，一定要考虑其使用场景，以及对应的使用人群。

在此基础上，还建议卖家将产品有区别度的信息准确地放在标题里，比如产品名称、品牌名、型号、品类等，一般来说，标题上包含的信息较多，会对买家选择时更有利，实际上，有些商家会由于标题信息不丰富、不准确而丢失流量。

需要注意的是，如果卖家不小心把宝贝放错了类目，就需要将宝贝下架，再次上架时，卖家要重新将类目修改正确。另外，如果宝贝由于错放类目而被降权，卖家在收到警示后修改正确，宝贝降权会自动恢复，从而避免对店铺造成降权和扣分。

如何提高类目流量

在淘宝天猫的免费自然流量中，主要有两大组成部分，即搜索流量和类目流量。两种流量的区别在于流量来源渠道不同，其中，通过搜索关键词进入店铺的流量为搜索流量，通过淘宝天猫首页类目入口点击进入店铺的流量为类目流量。

由于类目流量与搜索流量的来源路径不同，使类目流量主要有这样几个特征：浏览目的性不够强，通常情况下，如果一个用户购买某种产品的意向很明确，那么最直接的寻找方式往往是通过搜索框搜索关键词来寻找产品，相对来说，类目流量用户的购买目的性不是很强，买家多属于点击进去随便逛逛，随意性较大；转化率不高，正是由于买家浏览商品的目的性不是很强，购买意向也不是很强，使类目流量相对于搜索流量的转化率而言较低；展现方式较混乱，由于各个类目的属性和风格有所不同，使其展示形式存在显著不同，举例来说，服装类目和手机类目要展示的页面信息就不一样，其他类目的商品信息又会不同，这就使类目展示形式比较混乱。

尽管相对于搜索流量而言，类目流量存在一系列不足，但毕竟作为淘宝天猫的两大免费自然流量，获得比不获得终归是要好的。关于如何提高类目流量，我们主要看影响类目流量的因素都有哪些，通过优化这些因素，自然有利于改善类目流量。总的来说，影响宝贝在类目中展现情况的因素主要包括如下几种。

1. 转化率

淘宝天猫类目会优先推荐转化率高的产品，这是因为转化率越高往往意味着越受买家的喜欢。

2. 店铺动态评分

这主要包括三个方面的动态评分，即宝贝描述与实际是否一致、店铺服务态度以及物流服务。一般情况下，淘宝天猫类目会推荐服务质量好的产品。

3. 新品打标

在淘宝天猫中均存在“新品打标”，也就是说，淘宝天猫系统会自动对符合新品标准的新发商品打上“新”的标识，打标的新品可以获得更好的权重，从而有利于在短时间内获得更好的排名，拿到更多的流量。为此，卖家在发布新品时，要确保新品主图清晰，详情页面按照官方指导完成，手机详情页面往往也需要填充完整，从而更易于被系统打标。

4. 宝贝上下架时间

本书在前面已经阐述过，上下架时间会影响宝贝的排名，卖家要合理选择上下架时间。

5. 主营占比

这是指当前经营类目下的所有产品的交易信誉累计，占总交易信誉累计的百分比。如果跨度不大，则类目流量不会有太大影响，只要仍在大的主类目下就行。举例来说，在天猫的“女鞋、男鞋、箱包”类目中，商家之前卖女鞋，现在卖男鞋，主营类目未变，那么主营占比仍旧不变；如果商家原先卖女鞋，现在卖手机，那么主营占比的影响就会很大。一般来说，主营占比在80%以上的展示机会较多，80%以下的展示机会较少。

宝贝属性应该怎么确定

在优化宝贝类目后，接着要确保宝贝属性的正确性。实际上，与宝贝类目的重要性相似，宝贝属性也是一个不能填错和漏填的环节，如果卖家不慎填错属性，同样属于违规行为，会受到降权的处罚。

一般来说，假如宝贝属性漏填，往往会出现两个问题：一个是当店铺还是新店时，搜索引擎无法初步给店铺以明确的标签；另一个是在用户搜索时，属性不完全的商品会靠后展示。

宝贝属性漏填或填错通常会造成三个方面的影响：第一，影响系统的搜索，比如，当在淘宝天猫搜索框中搜索“短袖圆领黑色”时，排名靠前的一些宝贝标题中虽然可能没有出现“圆领黑色”，但是若产品属性中出现了黑色和圆领，那么搜索结果中同样会出现在排名靠前的位置，可见，搜索引擎会考虑到宝贝属性的权重；第二，宝贝属性会影响买家对产品的判断，一般来说，宝贝属性会在宝贝详情页的头部自动生成，买家往往会通过属性了解产品，从而判断是不是自己想要的，如果属性错误，就会直接影响买家的判断；第三，宝贝属性会影响直通车关键词的质量分，关于直通车，本书会在后面进行详细介绍，此处不再赘述。

既然宝贝属性这么重要，那么，在编辑宝贝属性时，应该怎么填写呢？

举例来说，要发布一款孕妇连衣裙时，在其属性栏里假如存在“韩版、欧美、休闲、原创设计”等风格，商家应该怎么选呢？这个时候，商家要根据实际情况进行分析。

如果店铺整体风格强调的是韩版，那么服装属性一栏可以侧重于填写韩版；如果店铺没有明显的风格，只是想知道填写什么样的属性对搜索才更有利，能够带来更多的流量，那么就需要进行数据分析。比如，可以分析在淘宝天猫上搜索“孕妇连衣裙”的用户，是否搜索了某种相应的服装风格。通常情况下，哪种风格被搜索越多，就意味着在其他条件不变的情况下，哪种风格获得的流量更多。

关于如何获得搜索量高的属性关键词，可以采用淘宝天猫提供的一些数据分析工具，如“数据魔方”“生e经”等，本书会在后面对这些数据工具进行详细介绍。

当然，凡事有利必有弊，在填写宝贝属性时，也不必一味追求搜索量大的属性关键词，商家要选择适合自己的属性关键词。这是因为，搜索量越大的属性关键词，同时意味着竞争力越大，所以，商家若选择竞争力大的关键词，就要有足够的能力争取到有力的权重。比较而言，有些关键词搜索量小，但竞争力也小，具体何去何从，商家要根据市场以及自己的市场情况来定。

总的来说，宝贝属性填写的准确程度，以及与市场的匹配程度，会影响宝贝的搜索排名权重，从而影响宝贝的访问流量，对此，商家要努力优化宝贝的属性。

淘宝“豆腐块”的排名规律

所谓淘宝“豆腐块”，是指在淘宝网按人气排名和所有宝贝搜索的排名中第1～3名的位置，包括天猫产品。之所以将淘宝搜索前三名的位置称为“豆腐块”，是因为这三个位置被相对比较固定的产品所占据着，这些产品通常都是爆款产品。

淘宝“豆腐块”的排名规则是相对独立的，不同于自然搜索。在自然搜索中，“上下架时间”会影响宝贝的排名，而在“豆腐块”排名规律中，“上下架时间”这个因素已经被去除，也就是说，淘宝“豆腐块”的排名规律相对于淘宝搜索的正常排名规律而言是独立的。

就目前来看，淘宝“豆腐块”主要固定为三块，通常都是天猫产品，而且比较稳定。通常来说，如果能够进入“豆腐块”位置，而且长期维护好，再加上产品本身也不错，那么产品的访问流量和转化率往往会不错。实际上，每个商家几乎都希望占据“豆腐块”的位置。

一般而言，产品要想进入“豆腐块”位置，就要在综合得分中获胜。简单来说，每款产品在淘宝系统中都会有一个评分，用户在搜索某个关键词时，相关的宝贝会默认按照综合得分排序，哪款宝贝的综合评分越高，就越会排在前面。

要想进入淘宝“豆腐块”位置，主要受以下几个因素影响。

1. 类目

本书在前面已经阐述过，淘宝有展示有限类目下的宝贝。

2. 客单价

不可否认，销量在排名权重体系中占据着重要的位置，在相同销量上，客单价越高，往往排名越靠前。

3. 最近7天的正常自然销量

这里的销量是指基于自然搜索的正常销量，并非靠做活动冲上来的销量，以及低价销量等，淘宝系统会自动检测到宝贝销量是否为正常自然销量，若非正常自然销量，则会将宝贝权重降低。

4. 宝贝动态评分

宝贝要想占据“豆腐块”位置，动态评分必然要优秀，否则，即便销量再高也难以挤入“豆腐块”位置。

5. 品牌

淘宝为了使产品品牌多元化发展，一般不会让某个品牌占据“豆腐块”的所有位置，除非某种产品都是一个品牌的，比如搜索“红米”手机，占据“豆腐块”位置的产品都是小米品牌，假如卖家将其放在其他品牌下，那么宝贝的品牌多元化权重加大，能上“豆腐块”位置的可能性就增加。当然，商家还要考虑实际情况，不能片面为了进入“豆腐块”位置而篡改产品真实信息，以免被系统发现后降权。

6. 转化率

一般来说，淘宝希望推荐给用户的产品通常是受买家喜欢的产品，淘宝会尽可能避免让买家不想买的产品靠前，这就跟产品转化率直接相关了。在宝贝的访问流量中，产生购买行为的流量占比就构成了转化率。转化率越高，反映出用户看到产品就越想买甚至直接转化为购买的行动，淘宝系统会认为这款产品是受用户喜欢的，从而增大其排名靠前的权重。

7. 退款纠纷率

一般来说，商家的退款纠纷率越高，那么进入“豆腐块”位置的权重就越低，这同样是要求店铺不仅要提供质量好的产品，还要提供良好的服务，从而提升客户满意度，减少不必要的纠纷。

总之，上述规则主要适用于淘宝“豆腐块”综合搜索的排名规则，希望进入“豆腐块”位置的店铺要多努力，从而使自己的细分领域进入“豆腐块”位置，获得流量、销量的双丰收。

第五章
淘宝天猫大数据分析

淘宝天猫拥有海量的用户，每天的固定访问量达数千万人，可以说，淘宝天猫每天都会经手大量的原始数据，通过对大数据的分析与运用，可以有效转化为触手可及的“生产力”。对淘宝天猫SEO而言，充分运用淘宝天猫平台提供的一系列大数据分析工具，有效提取关键词，为店铺运营保驾护航，是淘宝天猫店铺运营者必须掌握的技术。接下来，就来了解如何在淘宝天猫平台上进行大数据分析吧。

如何用好生意参谋

生意参谋成立于2011年，最早是应用在阿里巴巴B2B市场的数据分析工具；2013年10月，生意参谋正式走进淘宝天猫，成为淘宝天猫平台重要的分析工具。2014—2015年，生意参谋在原有基础上分别整合量子恒道、数据魔方，最终升级成为阿里巴巴商家端统一的数据产品平台。此外，2013年3月，淘宝平台的数据分享平台淘宝指数正式下线，其部分功能也转移到生意参谋，这使生意参谋的数据分析功能更加强大。

在大数据时代，数据堪称数据产品的内核，没有数据的产品只能成为孤单的产品，缺乏“可深度发展”的空间；同时，没有产品的数据也只是数据，缺乏实际应用场景，难以“可持续发展”。所以，数据产品需要结合数据和产品的力量，以便更好地为商家服务。

作为阿里巴巴官方数据产品的生意参谋，主要为商家解决解决了这些痛点：第一，看数据难、用数据难，由于不同数据的统计口径有区别，来源有区别，使数据之间存在不一致性，这就提高了商家看数据的门槛；第二，数据难懂，看数据本身就是门槛，要想读懂数据更是难上加难；第三，商家越来越渴求更全面的数据，通常情况下，商家关注的数据往往来源于多个渠道，为了使用的便利性，这些来源于多个渠道的数据若能集成在同一个平台上，会给商家的使用带来很大便利。

生意参谋正是致力于解决上述难题。可以说，通过生意参谋，商家可以看到统计口径统一、计算全面准确的店铺数据和行业数据，从而真正成为商家做生意的参谋。图5-1为生意参谋的界面。

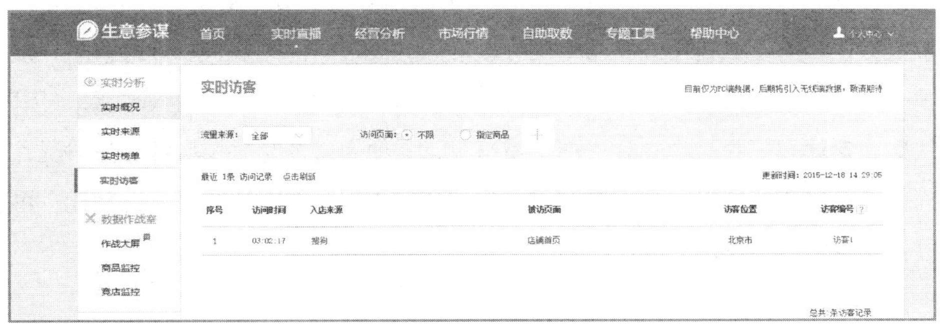

图5-1 生意参谋界面图

如上图所示，在生意参谋的使用界面里，目前主要提供了七个模块，接下来阐述一下这几个模块主要提供哪些功能，从而指导商家用好生意参谋。

1. 首页

生意参谋的首页全面展示店铺经营中的各项核心数据，包括店铺实时数据、商品实时排行、店铺行业排名、店铺经营概况、流量分析、商品分析、交易分析、服务分析、营销分析和市场行情等。可以说，首页提供了生意参谋在使用中的门户和导航作用。

2. 实时直播

提供店铺实时流量交易数据、实时地域分布、流量来源分布、实时热门商品排行榜、实时催付榜单、实时客户访问等功能，帮助商家洞悉实时数据，抢占生意先机。比如在图5-1的“实时直播”中，“实时访客”的“入店来源”为“搜狗”，访客访问了店铺首页，通过该功能，商家可以判断出访客流量来源，从而为商家的引流工作提供参考。

3. 经营分析

经营分析包括多个模块，分别有：流量分析，它展现了全店流量概况、流量来源及去向、访客分析及装修分析；商品分析，提供店铺所有商品的详细效果数据，目前主要包括五大功能模块，即商品概况、商品效果、异常商品、分类分析、采购进货；交易分析，主要包括交易概况和交易构成两大功能，可以从店铺整体到不同粒度细分店铺交易情况，方便商家及时掌控店铺交易情况，同时提供资金回流行动点；营销推广，包括营销工具、营销效果两大功能，可以帮助商家精准营销，提升销量。

4. 市场行情

市场行情的专业版目前包括三大功能，即行业洞察、搜索词分析、人群画像。其中，行业洞察具备行业直播、行业大盘分析、品牌分析、产品分析、属性分析、商品店铺多维度排行等多个功能；搜索词分析可以查看行业热词榜，还能直接搜索某个关键词，获取其近期表现；人群画像直接监控三大人群，包括买家人群、卖家人群、搜索人群。

此外，市场行情的很多指标还可以自由选择时间段，包括1天、7天、自然日、自然周、自然月或自定义时间，可选择的平台包括淘宝、天猫和全网，终端则包括PC端、无线端和全部终端。

5. 自助取数

自助取数是可以供商家自由提取数据的工具，可提供不同时段（如自然天、自然周、自然月）、不同维度（如店铺或商品）的数据查询服务。

6. 专题工具

目前，专题工具主要提供竞争情报、选词助手、行业排行、单品分析、商品温度计、销量预测等专项功能。其中，竞争情报是一款提供给淘宝和天猫商家使用的用于分析竞争对手的工具，可以精准定位竞争群体、分析竞争差距，并提供经营优化建议；选词助手从PC端和无线端出发，主要呈现店铺引流搜索词和行业相关搜索词的搜索情况及转化情况；行业排行主要展示六大排行榜，分别是热销商品榜、流量商品榜、热销店铺榜单、流量店铺榜、热门搜索词、飙升搜索词，所有终端、PC端、无线端均可分开查看；单品分析主要从来源去向、销售分析、访客分析、促销分析四个角度出发，对单品进行分析，商家可从中多角度地了解商品表现情况，掌握商品实际效果；商品温度计提供商品转化效果的数据分析，同时可以对影响商品转化的因素进行检测，检测指标包括页面性能、标题、价格、属性、促销导购、描述、评价等；销量预测可以通过大数据分析为商家推荐店内最具销售潜力的商品，并监控库存；同时，支持商家自定义监控规则，预估商品未来7天销量等，还可以为商家提供商品定价参考。

7. 帮助中心

该模块主要包括功能介绍、视频课程、指标注释、来源注释、常见问题等五个版块，可以帮助商家快速提升数据化运营能力。

总的来说，生意参谋分为免费部分和付费部分，是淘宝天猫官方提供给商家使用的数据分析平台。商家要学会通过分析生意参谋，优化自己的店铺。

生e经怎么用

生e经是一款专业的淘宝天猫店铺数据分析工具，商家可以根据需要予以开通和使用。可以说，生e经拥有比较先进的数据挖掘技术，能够系统地为店铺提供优化方案，它大致分为流量分析、销售分析、宝贝分析和行业分析四个板块。用好生e经，可以帮助淘宝卖家优化宝贝标题、找准上架时间、合理制定价格、做好关联营销、追踪广告效果、提升搜索排名等。下面介绍一下生e经四个板块的主要功能。

1. 流量分析

商家通过在生e经中查看流量状况，可以了解店铺流量是否正常。一般来说，除非店铺进行一些促销活动或者其他推广，店铺的流量往往比较稳定，处于正常状态。在生e经的流量分析版块中，商家可以通过对PV（Page View，页面浏览量）、UV（Unique Visitors，独立访客数量）、讯单数、店铺收藏、宝贝收藏、页面停留、人均停留等指标的跟踪，看出哪个指标出现变动，分析这种变动对店铺产生的影响，从而优化店铺。

商家还可以按照不同时段分析流量情况，主要是分析客户什么时候进店，从而合理安排客服的值班时间；通过查看店铺的流量组成，还可以看出客户是从哪里进来的，从而了解流量来源。总的来说，店铺流量来源主要分为站内流量和站外流量，卖家可以发现支撑店铺的流量主要来自哪里。

一般来说，站内流量来源主要反映店铺布局、图片的页面设计能力。比如，从店铺首页引入其余页面的流量可以看出首页展示的宝贝是否有吸引客户点击的能力，从宝贝引流其他页面的流量可以看出关联推荐的能力等。

2. 销售分析

在生e经中，销售概况是指本月的销售数据，以及今天和昨天的基本销售数据。生e经中的销售分析主要分析销售额、销售量、订单数、客单价、转化率等销售指标和走势，这几个指标间的关系可以用下面的公式表示：

销售额=客单价×UV×转化率=客单价×UV×（询单转化率+静默转化率）

基于上述公式，商家在提升销售额方面可以有效改善相关指标来增加销售额。

通常来看，店铺的订单来源主要基于三大流量来源，它们分别是淘宝搜索、直通车和淘宝客，通过销售分析，可以了解不同推广渠道的效果。其中，关于直通车和淘宝客，本书会在后面详细阐述。

3. 宝贝分析

生e经中的宝贝分析主要针对某个单品的效果跟踪，通过分析PV、UV、转化率、销售额、交易笔数等指标，从而分析出单品宝贝的主要流量来源。另外，“宝贝分析”中还有其他子模块，比如，标题优化分析可以帮助我们看出哪些关键词的转化率高，关联分析可以查看单品宝贝给其他宝贝引入的流量，从而反映单品关联推荐是否做得好等。

4. 行业分析

行业分析涉及热销宝贝TOP100、热销店铺TOP30、卖家信用分布、卖家城市分布、属性成交量分布、上架时间分布、宝贝价格分布等内容。举例来说，商家可以在行业分析中有效优化上架时间，通常情况下，上架时间往往参考同类宝贝最热销的时间段，当宝贝在总的搜索排名中占据优势时，可以自由选择上架时间；当宝贝在总的搜索排名中占据中间位置时，可以选择高质宝贝数很少、成交多的时间上架等。

总的来说，淘宝天猫中的数据分析工具为商家提供了丰富的数据分析功能，可以帮助商家更好地运营店铺，并收获出色的销量。

怎样分析店铺营业额数据

经营淘宝天猫店铺往往离不开数据指导，而在现实中，淘宝天猫商家之中有两类人群比较常见：一种是不懂得看数据，更难以将数据分析用于店铺经营中的商家；另一种是过于沉迷数据，却忽略了其他经营细节的商家。因此，在充分运用数据去经营店铺时，需要站在一个更宏观的角度去分析问题。

商家运营店铺的最终目的是实现盈利，要让店铺有利润。利润公式如下：

利润=营业额×利润率

通过上面的公式可以看出，商家要想增大店铺的利润，通常有两种方法：一是增大利润率，二是增大营业额。增大利润率的方法有两种，分别是降低生产成本和提高产品售价。

在当今网购时代，信息传播速度非常快，有些产品在没有任何竞争力的情况下贸然提高售价，无疑使产品销售雪上加霜。可以说，产品同质化越严重，消费者在购买产品时价格因素所占的比重就越大。在这种情况下，商家希望通过提高产品售价的方法来增大利润率需要慎重。比较而言，降低生产成本也可以有效增大利润率，当然有个前提，就是要在保证产品质量的基础上降低生产成本，如果商家以牺牲产品质量来换取降低生产成本，结果往往得不偿失。

基于此，商家可以尝试减少产品的周边成本，比如，将库房从租金高昂的市区移至租金低廉的郊区，提高员工的生产效率，优化生产环节，轻量化包装，尽可能减少快递运输成本等。

商家除了努力增大利润率，还可以通过增大营业额来获取更高的利润。淘宝天猫店铺的营业额公式如下：

营业额=点击率×展现量×转化率×客单价×销售量

通过上面的公式可以得出，商家要想增大营业额，可以从流量、转化率、客单价（即每个顾客平均购买商品的金额）和销售量四个方面着手提升，这也是提高店铺营业额的四个核心点。如图5-2所示。

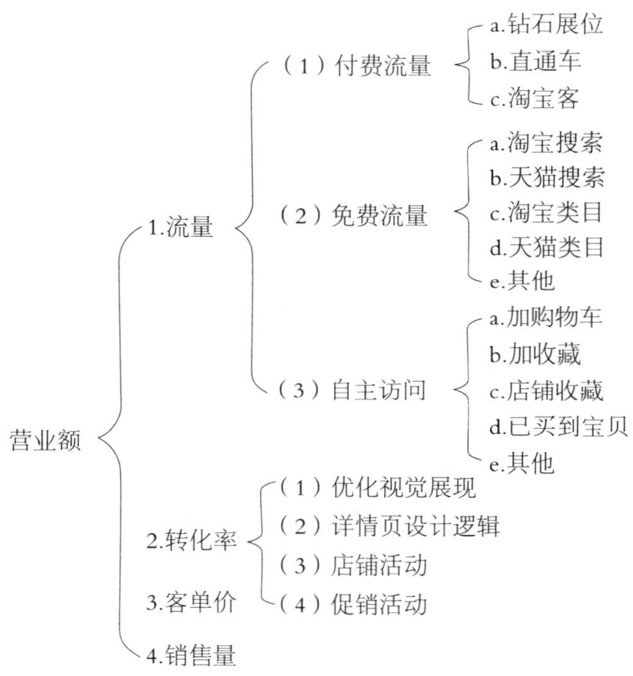

图5-2 淘宝天猫店铺提高营业额的四个核心点

在上图可以看出，店铺的营业额由流量、转化率、客单价和销售量组成。其中，店铺流量主要包括付费流量、免费流量和自主访问流量，转化率也可以通过一系列渠道得以提高，商家通过利用一些数据分析工具如生意参谋、生e经等，可以将影响营业额的相关指标进行侧重优化，并找出相应的解决办法。

比如，如果商家发现店铺的人均访问量偏低，说明店铺的关联推荐与搭配套餐做得不够好；商家有时发现店铺某天的流量突然下降，转化率也下降了，而自己的店铺又没什么变动，很有可能是竞争对手在搞促销或者在抢流量等。

总的来说，店铺在日常经营中的异常都是可以通过数据进行反映的，商家每天都要重视统计与记录这些数据，并记录好当日的操作记录，这样的话，不仅有助于优化整个运营环节，还会为以后的运营工作提供好的参考。

如何分析店铺流量数据

店铺营业额的多少与流量存在着密切的关系，一般来说，店铺流量的构成，能反映店铺运营工作做得是否到位。举例来说，若店铺的付费流量比较多，说明店铺还没有一款能够持续带来流量的爆款产品；若店铺的访问深度低，说明产品规划还不够到位，使买家没有点击更多宝贝的冲动；若店铺转化率比较低，可能存在三方面问题，一是产品的展示形式或者详情页不够合理，二是产品定价不够合理，三是店铺推广带来的流量不够精准。这一系列问题都可以通过数据直观地反映出来。

关于店铺运营中的一系列指标，本书在前面已经有所介绍，在这里再大致梳理下。PV（Page View，页面浏览量）指单个访客查看宝贝的浏览次数，比如，一个访客若查看了5个宝贝，对这5个宝贝来说，分别算一个浏览量，即分别算1个PV，合计为店铺的5个浏览量，即5个PV；UV（Unique Visitors，独立访客数量）指店铺的访客数；转化率是指每一百个访客中的成交访客占比，比如，100个访客中有10个访客购买宝贝，则转化率为10%；客单价是指当天总成交金额与总成交人数的比值，反映出每个成交人数的平均消费金额；店铺收藏是指有多少人收藏店铺；宝贝收藏则是指有多少人收藏某个宝贝；跳失率是指在一天的总访客数中，只浏览了店铺一个页面的访客数所占的比率。举例来说，某访客首次进入店铺，只浏览了一个宝贝详情页就离开了店铺，这就算一个跳失，若访客首次浏览了A宝贝后，接着从A宝贝点击进入该店铺内的B宝贝，则不算跳失。跳失率越高，意味着店铺吸引力越弱，流量越不健康；跳失率越低，往往表示店铺流量的质量越好。

在实际工作中，不少店铺通过生意参谋来分析店铺的流量数据。比如，用户在生意参谋中，可以查看店铺的一系列实施指标，如店铺当前的访客数、支付金额、成交的买家数等，这些数据可以实时更新，有助于用户及时掌握店铺的运营情况。

用户还可以在生意参谋中看到店铺宝贝当前被访问的情况，以及单个宝贝的实时访客数；用户可以看到店铺的经营概况，主要是显示过去一天的店铺经营情况，包含了访客数、浏览量、支付金额、支付转化率、客单价、退款金额、服务态度评分，以及单个数据指标近30天的走势图。

用户还能在生意参谋中看到店铺的跳失率、人均访问量、平均停留时间，以及店铺流量的构成百分比，还可以看到店铺的流量来源，主要包含PC端流量来源的TOP5（即流量来源排名的前5个入口）、无线流量来源TOP5以及PC端入店关键词TOP排行。

通过生意参谋，商家还可以看到店铺内被买家加入购物车的宝贝件数、宝贝的收藏次数、详情页跳出率，以及商品销售排行；还可以看到与交易相关的数据，包含下单的买家数、完成支付的买家数，以及新老客户成交占比等信息；还可以看到店铺的各项服务指标，包含店铺的各项动态评分，还能看到关于市场行情的分析，比如行业店铺TOP5（即淘宝天猫平台上某个类目内排到前5名的店铺）、行业商品交易TOP5，以及行业热门搜索关键词TOP10等，从而便于商家及时了解行业热销宝贝、店铺排名、热门关键词变化等信息。

总的来说，商家借助一些数据分析工具，比如生意参谋等，可以很好地“把脉”店铺流量，促进店铺的健康运营。

产品怎么预热

在淘宝天猫上销售产品，往往要在产品开卖前就进行推广，从而为以后的大卖热卖做准备。一般来说，在产品真正的销售旺季还没到来之前，店铺总是需要先进行一定的人气和销量积累，这就是产品预热。

那么，哪些产品需要预热呢？通常来说，销售季节性很明显的产品，比如服装等，由于季节性比较强，很难在一年四季都热销。以夏天的服装为例，往往可以在夏季短短几个月内热卖，一旦过了销售旺季，就难以再热卖，同时，当产品热卖季节到来时，商家又面临着较严峻的同质化竞争，这在客观上要求店铺对产品进行预热，从而在销售旺季里实现热卖。

淘宝天猫是一个“马太效应”很强的平台。所谓“马太效应”，主要是指“强者愈强，弱者愈弱”。也就是说，产品在淘宝天猫上销售越火爆，越容易得到更多展现的机会，即免费的流量会更多。尤其是淘宝搜索中的天猫“豆腐块”，一旦在“豆腐块”上榜上有名，就总会停留相对较长的一段时间，从而使店铺获得大量的免费流量。同时，店铺销量越多，意味着转化率也会有较好的提升，对店铺的各项指标也更有利。

基于此，在淘宝天猫上销售产品要提前预热，尽早积累销量和人气，是一件很重要的事情，这是因为，等到销售旺季真正来临时，同行业内的很多竞争对手已经遥遥领先，这时，商家的产品在曝光率和转化率方面就难以保持相对优势，要想赶超竞争对手也要付出更大的代价，甚至还达不到预期的效果。比如，若商家选择了直通车推广，在销售旺季来临时，PPC（Pay Per Click，平均点击价格）会飙升，而在销售旺季之前就开始预热，PPC会相对便宜很多。关于直通车推广，本书会在后面进行详细介绍。

另外，换季宝贝在预热前要先选款，了解宝贝是否符合当前的潮流趋势和客户需求，努力积累一定的客户成交记录和客户评价，这样，会使产品更容易受到买家欢迎。产品一定要突出卖点和优势，给客户提供充分的购买理由。商家在选好宝贝款式后，还要进行消费人群定位，尽可能提高店铺流量的精准度，从而为店铺带来更多的潜在成交用户群。

在为产品预热时，商家往往还要在店铺首页为预热款做有吸引力的海报图，这在某种程度上也是告诉客户，即将换季，店铺要推出主打产品。为了起到预期的良好效果，商家一定要突出产品卖点，努力让消费者记住店铺和产品，并激发买家的购买兴趣。

总的来说，店铺流量提升需要循序渐进，并非在短期内就能一蹴而就。在这方面，商家对产品预热，尤其要从多个维度准备好新款，做好流量的衔接，从而领先同行，取得先发制人的优势。

产品预热的时间长度

产品在预热期间，应该投放多大的推广力度呢？一般来说，在产品预热期间，产品的转化率不一定会很好，毕竟销售旺季还没到来，商家如果在推广方面投入太大，可能会得不偿失。这时，商家就可以充分运用生意参谋数据分析工具进行预热销售分析。

商家在生意参谋里可以看到，产品所在类目的排行榜中的产品在近段时间的大致销量如何，同时再观察其流量来源，并将通过一些促销活动获得的流量剔除，主要观察通过直通车和自然流量所带来的转化率。

举例来说，在产品预热阶段，位于热销排行榜第20名前后的若干宝贝每天销量大概是30件，这意味着你的产品如果想以后占据宝贝排行20名以内，在预热阶段的销量至少要与排行榜第20名前后若干个宝贝同步，也就是说每天的销量要达到30件左右。一般情况下，销量与其他人接近，在旺销季节到来时的排名往往也不会差太多。这样的话，商家大概要为推广支付多少费用，会在前期有相对清晰的预算。当然，得出这样的结论主要是基于数据分析工具的运用，在实际经营中，宝贝排名往往还与其他很多因素紧密相关，商家要分析多个因素。

其实，产品预热除了要在店铺内进行重点推广，还不可避免地涉及一些付费推广，如钻石展位、直通车、淘宝客等，为此，商家要控制好预热的时间长度，从某种程度上来说也是控制推广成本。在这期间，商家需要对店铺多项数据进行分析，从而更好地确定产品预热的时间长度。

另外，产品预热开始的时间点选择在什么时候合适呢？对此，商家可以对往年的销售数据和当年上架的同类款式产品的销售情况进行跟踪分析，期间可以利用生意参谋等工具观察哪些款式的转化率比较理想，其发展轨迹如何，从而适当借鉴，抓住市场先机。

比如，在生意参谋中可以观察某类季节性较强的产品销售情况，会发现任何产品的销量均可以一段曲线来表示，曲线中有高峰，也有低谷，这对季节性产品而言更为明显。为此，根据产品销售曲线的走势，往往可以选择在产品小幅上升的阶段进行预热，逐步在产品销售旺季到来时赢得先机。

此外，在对产品预热时，还可以采用“倒推”的方法，从而考虑预热前的一系列问题，逐步敲定每个时间点，保证计划的有效执行。以某款女装产品预热为例，产品预热前必然要先上架，产品上架前又必然要着手开始服装生产，以及对产品的照片进行美工制作，为此要对样衣进行拍照、修图，假如女装由商家自己生产，还要考虑采购各种生产所用的辅料和布料，假如女装由商家经销，则要采购成品。通过这种“倒推”的方式，也有助于商家把握新品预热前的各个阶段，做好每个阶段应做的工作。

总的来说，要做好淘宝天猫店铺产品预热，通常需要进行详细的数据分析，从而更好地促进产品预热工作的开展。可见，数据对店铺来说至关重要，一个好的店铺往往离不开对数据的精准分析。如果商家在产品预热和店铺经营时没有进行数据分析，就会迷失方向，从而给店铺经营带来不利。

新款要一个接着一个做

一款产品在经过一段时间的推广后，点击率和转化率可能都会下降，这是因为，一方面该买的顾客已经选择了购买，另一方面还要面临产品同质化竞争加剧的局面，以及产品长时间推广后，顾客可能已经看腻了产品的图片，从而导致产品的点击率和转化率有所下降。这时，商家就需要一个新款来接力，从而继续让销量跑起来。比如，本书前面曾经介绍过关联推荐，这往往是新款接力推广的一个重要手段，在一定程度上将流量引入新款。

以一款女西装为例，假如前一款女西装已经热销了较长时间，接下来商家可以逐步降低前一款女西装的推广费用，由于前一款热销，势必聚集了不少流量，这时，商家可以把前一款女西装的推广费用慢慢地转移到下一款女西装上，加大对下一款女西装的推广投入力度。通过这种平稳过渡，有助于商家减少单款爆款带来的风险，并且充分运用流量的价值。

总的来说，商家在持续经营新款时，可以从以下几个方面做起。

1. 全盘分析

这里说的全盘分析，是要对整个市场进行综合的考察分析。通常情况下，在持续打造新款时，需要了解新款所述的类目在整个市场中的销售潜力，以及消费群体对此类产品的需求和购买意向，从而了解新款的“后劲”是否足；另外，商家还要控制好产品质量，确保产品质量经得起市场考验。

2. 选款

选款环节是影响宝贝销量的关键所在。首先要选择好款式，注意其蕴含的独特卖点；其次是产品的定价，要想做好一个新款，不仅要确定此款产品在同类商品中的优势所在，更要突出性价比，这也是买家普遍关注的重点。因此，新款初期定价要在同类产品中具有优势，能够被大家认可。

3. 产品预热

在这个阶段，需要对店铺后台数据进行分析，包括店铺流量、宝贝被访排行、进店搜索关键词、客户咨询量、跳失率等指标，最终通过预热所得到的数据确定宝贝的发展趋势，并为宝贝的下一步优化奠定基础。

总体而言，前期主要是测试点击率，培养质量分；中期节奏性引入流量，对精准词的流量进行提升；旺季期大力度引流，关注转化率。

店铺流量需要循序渐进，它不是短期就可以快速提升的。换季时要从各个维度准备好新款，做好流量的衔接，提前做好宝贝的预热，这样才能领先同行，抢占优势。

4. 产品优化

可以根据遇到的一系列具体情况对产品进行优化，比如：若店铺整体流量少，可以结合进店搜索关键词对宝贝标题进行优化；若宝贝被访量低，就要确定主推宝贝是否在店铺中最明显的区域，然后对其标题进行优化；若进店搜索关键词少，则要了解主推产品所属类目的搜索关键词的热词，从而将这些关键词尽可能添加到自己的店铺中；若店铺出现咨询量大而成交量少的情况，应进一步做好客服沟通工作。

关于产品详情页优化，可以进一步完善详情页，加入好评截图、文案描述等，从而带动销售气氛，提升转化率。

5. 适当付费推广

尽管强调自然搜索流量的重要性，但是在打造新款时，商家往往应该适当做些付费推广，从而获得不错的流量。

最后，每个商家都希望把新款一个接着一个地做起来，在这期间，商家会面临大量的数据需要进行分析，要懂得和掌握分析店铺经营中的各项数据，从而让每个新款都充分地发挥出应有的潜力。

如何分析竞争对手的数据

淘宝天猫上店铺众多，有不少店铺之间存在着此消彼长、激烈的竞争关系。在这种情况下，如何通过数据分析来了解竞争对手，从而做到“知己知彼，百战不殆”，几乎是每个商家都要面临的问题。接下来，先从分析自身店铺数据开始，再过渡到分析竞争对手的数据，从而便于在实际经营中采取恰当的策略。

首先看店内数据。简而言之，店铺运营主要是做好流量和转化两件事，由于流量结构和精度直接影响转化，转化好坏又会反过来影响流量，因此在分析时要先做流量分析，再做转化分析。

关于店内流量，一般要看搜索流量和付费流量。分析搜索流量时，要看宝贝的类目属性相关性、标题关键字相关性是否符合要求；宝贝的人气分（如是否橱窗推荐、旺旺响应速度等）是否符合要求；图片是否足够优化；价格与销量是否适当，通常来说，销量相当的产品，价格高的产品会有更多的展示机会，这是因为淘宝天猫为了遏制恶意价格竞争，价格相同的产品，销量高的会有更多展示机会；宝贝标题是否优化，通常来说，在宝贝销量相对低的时候，要多使用长尾词，销量高的时候可以多使用行业热门词，并反复测试，从而得出流量搜索转化率的最大值。

关于付费流量，目前淘宝天猫店铺大多采用钻石展位、直通车和淘宝客，本书会在后面进行详细阐述。

商家还要看店铺的内功是否足够强，其中，观察店铺内页时，商家要看销量、评价质量、单品转化率、页面停留时间，以及询单量等指标。如果店铺连基础销量都没有，评价也很差，那么转化率一般都不会好。当店铺具备销量和不错的评价质量后，接着看单品转化率、页面停留时间和询单量是否低于行业均值，若低于行业内均值，商家则要进一步优化页面展现，提升页面的吸引力。

商家还要看店铺的访问深度，并对店铺招牌、宝贝详情页、宝贝详情页的侧边栏、店尾进行优化，再逐步优化首页；商家要关注顾客的支付率、客单价、店铺动态评分、客户关系管理等内容，从而全方位地提升店铺的内功。

其次，研究竞争对手的数据。在经营店铺时，商家要研究的竞争数据主要包括整个市场的数据和直接竞争对手的数据。市场数据的获取能够判定市场容量、市场的激烈程度，从而预测新品上市时面临的竞争压力，以及发展策略；直接竞争对手的数据则能够帮助商家取长补短。

关于市场数据，商家需要了解市场容量、搜索指数、对买家群体进行综合分析、行业发展趋势、产品竞争度，以及空白市场。通过分析市场数据，有助于商家了解宏观市场行情。

关于竞争对手数据，商家一般要长期收集，并与自己店铺内的数据进行对比，从而进一步优化自己的店铺。其中，商家要分析竞争对手的销售额、转化率、客单价、营销活动、爆款、经营特色等，从而比较清楚地了解自己的竞争对手，便于自己采取适当的营销策略。

总之，在分析竞争对手的数据时，要全面了解自己、市场、竞争对手三方的数据，避免在数据分析方面有失偏颇，并进一步找出店铺存在的问题，再思考用什么办法来改善现状，促进发展，只有这样，数据分析才更有意义。

第六章
淘宝天猫三大推广利器

为了更好地满足店铺运营者对流量的需求，淘宝天猫平台为广大店铺提供了三大营销推广工具，分别是钻石展位（简称“钻展”）、直通车和淘宝客。

对很多淘宝天猫店铺来说，若未能有效通过淘宝天猫SEO获得免费流量，为了有销量，常会不同程度地采用上述三大推广工具。

深入了解钻石展位

在淘宝天猫店铺运营中，钻石展位是一种付费形式的流量获取通道，通常分布在淘宝天猫首页与各大频道页面，占据着大量优质广告位，每天覆盖着巨大的流量。钻展以精准定位为核心，为客户提供精准定向、效果监测、数据分析等一系列推广投放解决方案，帮助客户实现更高效、更精准的数字营销。

一般来说，钻展的展位往往在淘宝天猫首页或者各大频道页，从购物需求上来讲，钻展是淘宝天猫平台主动为顾客呈现的内容，而非顾客搜索的结果，因此，浏览钻展的顾客，其购买意向相对不强烈，有可能是在闲暇时间随便逛逛，觉得某个钻展广告比较吸引人，就点击进去浏览。一般来说，除非价格上有优惠折扣，具备较高的性价比，或者产品本身具有特色，足够吸引人，否则，这种过来随便逛逛的买家最终成交的可能性比较小。

此外，钻展的扣费形式是按照展现收费的广告形式进行的，钻展带来的点击量=展现量×点击率。根据这个公式，我们可以发现，如果钻展图片的点击率不高，店铺获得的流量较少，那么平均点击单价就会较高。基于此，商家选择投放钻展的产品普遍要求较高，应该尽可能选择那些价格很诱人，并且有特色的产品，从而吸引用户的点击，同时还要选择合适的投放形式。在实际操作中，钻展的投放形式主要有以下三个。

1. 群体定向

通常情况下，钻展的投放形式主要是通投和定向。所谓通投，是指所有浏览该页面的人都可以看到，这一般是系统默认的；所谓定向，是指系统根据大数据分析统计，只展现给有购买意向的买家。群体定向是钻展中一个重要的定向形式，其优点是展现量较高、流量较大，缺点是只能定向到类目层次，不够精准。

群体定向主要考察用户的综合历史浏览、搜索、收藏、购买等行为。目前，群体定向主要集中在类目层面，每个类目又分为高、中、低三种价格倾向的类型。举例来说，某个用户在最近的上网行为中，搜索，浏览，收藏，购买男装、童装、男鞋这几个类目最多，那么该用户就会被贴上“男装”“童装”“男鞋”的类目标签，并被作为群体定向的依据。

2. 兴趣点定向

所谓兴趣点定向，主要是根据买家的行为，如综合历史浏览、搜索、收藏、购买等行为，在全类目下将买家分为多个不同喜好兴趣点的人群，并且随着系统更新，该兴趣点数量也在不断增加。根据这种划分逻辑，淘宝天猫系统会为每个用户最终贴上若干个兴趣点标签。

通常来看，该定向形式是在群体定向的基础上，将用户的购买意向划分得更为精准，从而定位比较精准的人群推广。在实际运用中，根据兴趣点定向推广是钻展运用较多的一种投放形式。

举例来说，如果一个用户最近的上网行为是在众多产品里搜索，浏览，收藏，购买男士皮鞋、男士皮鞋真皮、男士皮鞋加绒保暖，那么这个用户在兴趣点定向中，就会被打上“男士皮鞋”“男士皮鞋真皮”“男士皮鞋加绒保暖”的兴趣点标签，并以这些兴趣点作为被定向的依据。

3. 访客定向

访客定向同样是根据买家的行为，综合其历史搜索、浏览、收藏、购买等行为，将其集中定向到若干店铺。根据这种划分逻辑，系统会为每个用户贴上若干个店铺的标签，通过访客定向，从而面向更精细的目标人群推广。

举例来说，如果一个用户的上网行为是在众多店铺里，搜索、浏览、收藏、购买竹石图书里的书籍最多，那么这个用户在访客定向中，就会被打上“竹石图书”的访客标签，并以此作为访客定向的依据。

总之，钻展的投放形式除了上述三种定向形式外，还有其他定向形式，如场景定向和DMP定向（即达摩盘）定向，相对来说，这三种定向投放形式在使用上更为普遍。

投放钻石展位的操作步骤

在了解投放钻石展位的操作步骤前，先了解下钻展的计价原理和方式。钻石展位作为一种付费推广形式，商家在设置出价的时候，需要设置一个通投出价，再给定向出一个溢价，其计价公式为：

千次展现出价=通投+溢价

举例来说，现有店铺A和店铺B的钻展都是出价10元，店铺A设置通投3元，溢价7元；店铺B设置通投7元，溢价3元。比较而言，店铺B通投出价较高，流量大部分来自通投流量，通投是所有人都能看到的广告，流量不够精准，这种方式比较适用于对流量需求较大，追求品牌曝光，要求覆盖面比较广的宣传推广；店铺A定向溢价出价较高，流量大部分来自定向流量，流量相对精准，是做钻展比较理想的状态，这种方式比较适用于想获得精准流量的商家，有利于转化成交，帮助产出最大化。

一般来说，商家做钻展往往是希望获取精准流量，所以在高于或等于展示位的系统底价的前提下，要把通投出价设置在最低。这是因为通投仍然是会竞价的，遵循竞价原则，所以商家在出价上要保持一定竞争力。

通常情况下，钻石展位的竞价原理是按照出价排序，出价高的会优先展现，在每个小时段内，前一名的预算全部消耗完以后，下一名开始展现，并以此类推。可见，出价决定着展现次序，在系统展现量变化不大的情况下，预算决定着展现时间长短。

比如，淘宝天猫首页某个资源位在某个小时段有若干个计划在参与竞价，计划名称分别为A、B、C、D，出价分别为10元、9元、8元、7元。这四个计划在该小时段内的预算分别为200元、600元、400元、800元，那么在这个小时段内，按照竞价的原理，计划的展现顺序依次为A、B、C、D，当A计划在该小时段内的预算完全消耗以后，轮到B计划展现，以此类推。

接下来了解一下投放钻展的操作步骤。首先，商家要新建一个推广计划，选择展示类型（通常选择“展示网络”类型），然后，商家可以编辑推广计划信息，比如设置每日投放预算，根据产品的受众人群，选择精准的投放地域、投放时间、投放形式等。

在编辑好相关信息后，商家还要选择与添加资源位，并给该资源位设置通投出价与定向溢价，接着，商家要添加投放钻展所需的创意素材，如钻展图片等。当创意信息编辑完成与提交后，淘宝天猫官方会用若干个工作日作为审核时间；商家要提前安排好时间规划，尤其是在店铺做促销活动时，要努力做好各项准备工作，以免由于钻展通过延迟而影响店铺活动效果。

最后，商家要熟练掌握钻展投放的出价、排名原理及操作步骤，从而在实际运用中使钻展投放更有助于店铺的经营。

投放钻石展位的几种运营思路

商家在进行钻展投放的时候，往往基于相应的运营思路，并为了达到相应的运营目的。在这里，结合钻展投放的几种常见思路，介绍一下投放钻展的背后策略。

1. 利用钻展进行推广促销活动

这是指利用钻展为促销活动获取流量，带动人气，其目的在于配合某个时间段内店铺的营销策略，比如年中促销、清仓促销、“双11”等大型主题促销活动，实现短期内引入大流量。通常来说，在做这些促销活动时，承接页面往往是活动页，也就是产品集合页，使用户点击进来后可以看到多个产品。

因此，在选择定向投放的时候，就不能一味地偏重最为精准的流量，投放时的选择范围也要相对宽松一些，如果兴趣点定向与访客定向获取流量较少时，可以考虑使用群体定向，并根据不同群体的流量价值分别出价，从而保证获取更多的流量，同时还要注意投放成本的控制。

2. 利用钻展推广单品

有些店铺在进行钻展投放时，主要是为了利用钻展主推某个单品，目的是打造该类目下的爆款宝贝，先以销量为主导，后续通过爆款赢得自然搜索排名，为店铺带来更多的优质流量与成交。

一般情况下，钻展最终能否形成销量，关键会落实在产品详情页上，如果产品覆盖的人群较少，那么对流量的精准度要求就会较高。在定向操作中，兴趣点定向与访客定向最为精准，商家可以针对细分兴趣点或者同行店铺进行定向。在实际操作中，商家可以先选择单个兴趣点定向，如果该兴趣点下的人群不够精准，或者覆盖的流量较少，可以再配合访客定向一起投放，访客定向时会锁定最精准的人群，从而提高推广计划的点击率，带来最大化的成交转化率。

3. 利用钻展推广产品集合页

利用钻展推广产品集合页是店铺运营中比较常见的一种方式。比较来看，如果进行单品推广，当潜在买家进入宝贝详情页后，若对产品兴趣度不大，可能会选择关掉页面，从而导致该潜在买家流失。

如果使用产品集合页就可以在一定程度上有效避免这种情况，因为买家点击进来后，会看到多个产品的集合页，选择空间比较大，从而有利于留住买家。倘若集合页中的产品风格是该买家喜欢的，最终成交的机会就会大大增加。

4. 利用钻展维持日常销售

商家在利用钻展来维持日常销售时，主要考虑流量的精准度、稳定性与转化情况，基于此，商家可以选择投入产出比较高的资源位，做好店铺优化，努力将转化率提高，从而保证钻展有一个不错的投入产出。

与直通车相比，钻展带来的精准流量比较少，而直通车获取流量方面的能力比较强，因此，在店铺的实际运营中，利用钻展来维持日常销售的商家比例并不是很大。如果商家侧重于展示产品，打造店铺形象等，可以考虑选择钻展投放；如果商家希望获得比较稳定的精准流量，可以适当考虑直通车。接下来就了解什么是直通车，以及直通车应该怎么做。

深入了解直通车

直通车是一种展现免费、点击扣费、根据宝贝设置的关键词将产品展现给潜在买家的推广工具，以实现精准推广为目的。直通车可以在最优位置展示推广的宝贝，从而给想买的人看，在精准营销方面具有很强的优势。

通常来看，直通车主要具备以下几个优势：一是推广可以与买家搜索的关键词进行精准匹配，比如商家在设置直通车推广时，设置了“牛仔裤”这个关键词，那么当买家搜索“牛仔裤”时，在直通车关键词推广展示位就可能进行展现，从而吸引买家点击浏览商品页面；二是展示免费，只有在买家产生点击后，商家才付费，从而便于商家合理控制推广成本；三是店铺引流，通过推广单个宝贝，当买家点击推广宝贝进入店铺后，可以浏览其他产品，从而带来其他商品的成交。

在具体使用中，商家如果想推广一件宝贝，就需要给该宝贝设置相应的创意图、关键词、出价、宝贝推广标题等，当买家在淘宝天猫中搜索关键词或者按照类目分类进行浏览时，推广中的宝贝就会出现在相应的展示位，买家点击后产生扣费，不点击则不付费。一般来说，只有具有购买意向的顾客才会搜索相关的关键词，从而使转化成交的可能性也相对较高，因此，直通车是推广效果较好的一种付费推广工具。

可以说，直通车作为商家与消费者之间的桥梁，有助于起到良好的连接作用，我们还能够从中看到直通车链条中涉及三方的目的与诉求，分别是：对商家来说，可以用最低的花费，寻找精准客户，产生更多销售；对直通车来说，可以帮助商家寻找客户，同时作为阿里巴巴集团的赢利工具；对消费者来说，可以更方便快捷地找到适合自己的商品，满足自身对产品的诉求。

在实际运用中，直通车采用竞价形式来决定排名，我们最初可以给每个关键词设置好一个出价，但最终的实际扣费并非我们的出价，那么影响最终扣费的因素都有哪些呢？对此，先来看下官方介绍的三条扣费规则：第一，展现不扣费，点击扣费；第二，单词点击成本不会高于出价；第三，实际扣费=下一位的出价×（下一名的质量得分÷自己的质量得分）+0.01。

在直通车的扣费规则中，所谓“质量得分”是系统估算的一种相对值，用于衡量“关键词”与“宝贝推广信息”和“用户搜索意向”三者之间的相关性。通过上面的扣费公式可以发现，在“下一名的质量得分”不变的情况下，质量得分越高，最后的实际扣费将越低，也就意味着，只要把自己的质量得分尽可能地提高，就可以用相对较少的推广费用把宝贝信息展示在更适当的展示位置上。

通常情况下，质量得分可以分为“基础分”“创意效果”“相关性”和“买家体验”四个组成部分。其中，“基础分”表示整个直通车账户搜索关键词的推广效果，是一个动态的数据；“创意效果”是指关键词所在宝贝的推广创意效果，包括推广创意的关键词点击反馈、图片质量等，“创意效果”通过不断测试优化，最终筛选出点击率较高的创意；“相关性”是关键词与宝贝类目、属性及宝贝本身信息的相符程度；“买家体验”是指根据买家在店铺的购买体验做出的动态反馈，包括宝贝收藏情况、加入购物车情况、详情页加载速度、好评与差评率、旺旺响应速度等。

在实际运用中，直通车除了关键词推广，还有店铺推广、定向推广、活动推广等形式。目前，直通车的单品关键词推广是最主要的一种推广形式，在整个直通车推广中所占份额最大。举例来说，在淘宝天猫中搜索某个关键词时，会在搜索结果页的右侧栏、底部栏等推广展示位出现一些相关的宝贝，这就属于直通车关键词推广的形式。

店铺推广展示位一般在关键词搜索结果页右侧栏下方带有“店铺精选”字样，属于店铺推广展示位；定向推广是指淘宝天猫系统根据构建出的买家兴趣模型，从细分类目中抓取出那些特征与买家兴趣点匹配的推广宝贝，将宝贝展示在目标客户浏览的网页上，从而锁定潜在买家实现精准营销；我们平时在淘宝天猫中看到类似“热卖单品”的区域，属于直通车活动专区展示位。在工作中，单品关键词推广在直通车推广中使用频率最高，接下来重点介绍一下直通车中的单品关键词推广。

单品关键词直通车推广

在整个直通车推广中，关键词推广占据着很大比重，可以说属于整个直通车的核心。一般情况下，商家开通直通车账户后，可以设置推广计划，在推广计划中主要包含了四项内容，分别是设置日限额、设置投放平台、设置投放时间和设置投放地域。

其中，在设置日限额时，商家应根据推广预算来设置日限额，如果预算充足，也可以不设置日限额。这里要注意的是，商家如果设置了日限额，那么当日消耗达到限额时，整个推广计划就会下线，第二天再自动上线。如果计划已经下线，商家可以通过修改日限额，使计划重新立即上线，而不必等到第二天才能自动上线，但是这样的话，花费有可能超过日限额，因为系统是每隔一段时间进行统计的。

例如，商家设置的日限额是60元，在14:30分系统进行扫描的时候，花费了59.50元，还没有达到60元，此时不会自动下线，当14:35分系统再来扫描的时候，已经花费了61.50元，那么推广的宝贝就会自动下线。此时，消费限额超出1.5元，如果商家不再修改日消费限额，这超出的1.5元会在凌晨0点左右时，系统结算后返还到当前直通车账户中；若商家当天发现直通车计划下线时，随之调高日限额到100元，则当天下线的计划会自动上线，但是超出原日限额的部分将不再返还。

在设置投放平台方面，目前主要有PC端和手机端，同时，针对这两种设备，还分站内推广和站外推广。比较来说，淘宝天猫的站内流量购物意向较高，也比较精准，转化率会好些，竞争力也比较大，平均花费成本较高；站外推广流量的精准度相对低些，竞争力不是很大，花费较少，通常来说，淘宝天猫店铺在站内投入推广多些。

目前，手机端的成交占比越来越高，手机端的流量也大有超过PC端的趋势，所以，商家近些年选择在手机端做直通车推广的也越来越多。

关于设置投放时间，可以结合淘宝天猫的流量高峰时段进行合理调整。比如，可以给不同时段设置一个折扣，如果当前关键词出价是行业平均水平，在流量高峰时段，可以将整体出价的折扣调整到120%，以免在直通车竞争较大时争取不到流量；在流量低谷时段时，可以将出价的折扣调整到90%，这样既可以保证抢到流量，也可以减少资源浪费。

此外，直通车与之前讲到的钻石展位的显著不同，在于直通车的核心是精准营销，可以说，人群选择得越精准，直通车投放效果就越好。比如在冬季，加绒加厚的羽绒服更适合北方城市，而修身短款棉服会更适合南方城市。如果商家在直通车投放地域选择上没有侧重点，不仅会使直通车效果不明显，还会造成消耗过多的推广费用。

在直通车投放中，选择投放地域，是选定目标人群的重要因素。基于此，商家要认真选择投放地域，比如，应该在解析流量时对宝贝所在行业的类目热词进行查询，然后得出哪些省份的点击指数较高，再进行选择设置。一般来说，在对一款产品进行直通车推广时，若是在推广初期，由于各项数据都有待进一步优化，因此不适合投放较多地域，选择点击指数较高的地域即可，在以后随着产品经营策略的调整，可以逐步调整投放地域。

商家制订好推广计划后，接下来就要选择需要做推广的宝贝，添加适当的创意，并设置关键词和出价。在关键词推广着手实施时，商家还要做好优化调整工作，从而充分发挥直通车关键词推广的效用。

直通车的常见误区

在店铺经营中，直通车可谓得到了广泛的运用，对店铺吸引精准流量也起到了重要的作用。与此同时，一些商家对直通车的运用还存在着不同程度的误区，接下来介绍一下在使用直通车过程中的几个常见误区，并予以解答，从而帮助商家更好地运用直通车。

误区一：关键词越多越好

有些商家误以为，做直通车时选的词越多，展现会越大，带来的点击量也会越大，实现的单次点击花费就越低。

实际上，关键词太多，会使管理起来费时费力，再者，选用大量的关键词，势必使有些词与商品本身匹配度较低，相关度不够精准，所以质量得分也会普遍低些，再者，大量低质量得分的词会直接影响整个直通车账户的权重，这是因为，在直通车质量得分里，有一个属性是“基础得分”，直通车账户权重被拉低，会直接导致基础得分降低，使质量得分的原始分数较低。

此外，关键词越多，会使展现量和点击量变大，即便单词点击花费低，由于店铺引来的流量缺乏精准度，从而使无效点击数增多，结果反倒更加浪费金钱和成本。所以，商家在做直通车时，要致力于精准度，这就需要准确到每个关键词。当然，如果宝贝非常冷门，可选择的关键词也不多，这时，关键词数量可以适当增加些，从而增加展现的概率。但总的说来，关键词在于精，而非在于多。

误区二：全时段全地区投放

有些商家误以为，直通车投放时间越长，投放地区越多，越有利于实现展现量和点击量最大化。

实际上，商家在做直通车时，不排除来自同行的恶意点击，同时，目标客户可能在地域分布上有所侧重，由于互联网的开放性，在淘宝天猫上开的店铺，同行竞争对手可能来自全国各地，需要考虑可能会存在同行恶意点击的情况。

直通车是个精准营销工具，为此，在投放直通车推广时，要根据目标地区的人群需要确定投放的重点区域。比如，假如店铺主要销售羽绒服、靴子，那么在北方投放直通车要比在南方投放更好些。因此，商家要秉持“有的放矢，货卖有用”的原则，慎重选择投放区域和时段。

误区三：人为地去刷直通车点击量和质量得分

有些商家误以为，质量得分取决于点击率，点击率又取决于点击量，为此，要通过增加点击量来提高点击率，从而提高质量得分。

一般情况下，淘宝天猫直通车具有比较完善的防恶意点击能力，从而预防个别买家在点击量上作弊；再者，直通车的质量得分取决于长时间的有效点击，这样的话，即便有些商家的直通车点击量偶尔一天“刷”了上去，但是很快又掉下来，对改善质量得分无济于事。对此，建议商家尊重规则，踏踏实实地完善直通车主图，增加吸引力，合理地出价，抢占最优的直通车排名位置，把直通车当作一个长期的良性营销手段。

误区四：直通车是店铺唯一的推广途径

有些商家误以为，直通车既然是精准营销，可以打造爆款，提高店铺的整体转化率，从而带来品牌效应，那么整个店铺只要用好直通车就行了。

直通车确实是一个有效的推广方式，但不是唯一的推广方式，毕竟把鸡蛋放在一个篮子里不如放在多个篮子里保险。再者，在实际运用直通车的店铺中，大概一半以上的店铺是亏损的，也就是说投入小于产出。一般来说，店铺仅靠直通车去打造爆款，付出的成本会太高。

一个爆款的形成，直通车仅是其中的一个环节，而且由于直通车是一种付费推广，使采用直通车推广的商家还要面临资金方面的风险。所以，商家在推广方式上要分清主次，多路出击，择优选择，实现效益最大化。

误区五：多推广宝贝

有些商家误以为，一个推广计划里，宝贝越多，展现机会就越多，流量会更大。

实际上，一个推广计划里的宝贝数量越多，会使流量分散，反而不利于占领市场。一般来说，一个店铺往往是从单品做起的，先做好一个爆款，通过关联促销带动其他的销量，其实这也正是直通车的一个功效，通过带动关联销售，在一定程度上降低直通车的成本。

可以说，直通车最忌讳的就是分流，在预算固定的前提下，推广的宝贝越多，流量就会越分散，分散的流量不利于转化率的提高。再者，在用直通车打造爆款时，商品要经过精心的选款和策划，比如具备一定的好评率、销量等，能够在市场上具备一定竞争力。

通常情况下，一个店铺主打的产品数量是有限的，如果没有竞争力、转化率低的宝贝也去做推广，不仅分散了流量，浪费金钱，也不利于提升店铺的效益。所以，店铺应该重点出击，集中突破，从而通过竞争力强的宝贝来带动关联营销。

误区六：直通车的点击单价越低越好

有些商家误以为，既然直通车是收费的，那么想办法少花点儿钱，多获取些流量，性价比会更高。

实际上，有些商家的确在研究如何少花钱带来更多的流量，然而发现，虽然在少花钱的情况下，吸引了更多的流量，但是出现了有流量没有成交的尴尬，显然，商家做直通车是要实现销量的，如果没有销量，就意味着直通车投入的费用就难以收回。因此，店铺应该把直通车方面的花费集中在主要的产品、主要的关键词上，在有些时候，即便面临高价的关键词，只要投入产出比合适，也可以考虑去做。商家要明确：如果投放一个关键词能带来销量，即便多花了钱，也可能会带来利润；假如投放的一批关键词非常便宜，却不能带来成交，那么就相当于只有投入没有回报，也难说自己“捡了便宜”。

因此，商家在做直通车推广时，要树立投入产出比的思维，要全面综合衡量直通车推广的得失。

误区七：直通车带来的流量越多越好

直通车带来的流量并非越多越好，关键是要流量精准，有转化率，有好的销量，只有这样，才能确保直通车推广的良性运行；否则，直通车带不来销量，或者转化率低，从经营的角度上来看，直通车都难说取得了好的效益。

总之，直通车是一门学问，需要商家们在实践中边运用边总结，从而不断提升自己运用直通车获取精准流量、提高转化率的本领。

深入了解淘宝客

淘宝客是淘宝天猫店铺广泛使用的推广工具，与钻石展位和直通车相比，淘宝客可以有效避免只消耗不成交的尴尬局面，它是按照成交计费，可以很好地帮助卖家降低运营风险。

淘宝客推广是专为淘宝天猫卖家打造，按成交计费的推广模式，其中，淘宝客还可以理解为通过淘宝联盟为淘宝天猫店铺做推广的一类人群。淘宝客从淘宝联盟拿到卖家推广产品的“推广链接”，然后通过聊天工具、论坛、博客、个人网站等其他渠道推广商品，消费者通过点击“推广链接”来购买商品且完成交易，淘宝客会拿到该卖家所设置比例的佣金。这类似商家招募的业务员，每卖出一件产品，商家就按照之前约定的佣金支付给淘宝客。

那么，卖家选择淘宝客推广方式，有什么独特的优势呢？首先，淘宝客数量众多，几乎遍布互联网中的各个领域，实际上，长期以来，淘宝客一直是互联网上自由职业者获取收入的主要方式之一，随着互联网的发展，人们花费在网上的时间也越来越多，除了在网上看电影、交流等以外，互联网也成为人们获取财富的一种重要方式，这使得做淘宝客的人数量很多；其次，投入产出比高，淘宝客是按照成交计算佣金的，不像钻石展位按照展现收费、直通车按照点击收费那样，这使得采用淘宝客推广方式的商家拥有较高的投入产出比；最后，淘宝客推广渠道一旦建立，可以长久持续维护，从而避免过分依赖付费广告，同时还能拓宽商家的销售渠道。

当然，尽管淘宝客推广具有显著的优势，但在实际操作中，还是有些商家会对淘宝客产生一些误解，主要表现在以下几个方面。

1. 存在心态问题，认为淘宝客在瓜分自己的利润

商家设置淘宝客推广时，意味着每通过淘宝客成交一单生意，就要将其中的一部分利润分给淘宝客，这在某种程度上意味着商家的利润减少，对此，有些商家有种被“割肉”的感觉。实际上，在互联网的世界，互利共赢才是最好的结果，淘宝客通过自己的努力做推广，然后获得正当的佣金回报，与商家是一种合作共赢的关系。

2. 产品利润太低，无法设置过高的佣金比例

网商与传统生意的一个很大区别，在于对销量的异常重视上。这是因为，在线下实体产品交易中，消费者一般不会直观地看到一个产品一个月有多少销量，而在淘宝天猫店铺中，产品销量都会直观地标注出来，并成为买家判断是否购买的一个亘要依据，因此，销量也就成了被关注的焦点。产品卖得越多，意味着产品可能越受欢迎，这也是大众在购物时的一种思考方式。

有些卖家在做爆款时，为了冲销量，不惜花费巨额广告费用，既然这样，为何不能牺牲部分利润，将其以佣金的形式分给淘宝客呢？这样淘宝客将更有动力去推广你的产品和店铺，商家支付的佣金也都是在可控的范围内，便于商家多渠道销售。

3. 认为淘宝客带来的流量少

有时，商家在查看流量构成时，会发现来自淘宝客渠道的流量较少，其实，造成这种结果是有原因的。开展淘宝客推广，并非简单地开通淘宝客计划、设置好佣金就可以了，还需要商家主动去招募优秀的淘宝客，从而把淘宝客推广的工作做到位。

4．没有认识到淘宝客后期的威力

一般情况下，淘宝客推广是一个慢慢积累的过程，刚开始的时候，可能只有为数不多的淘宝客帮你的店铺推广宝贝，通过慢慢积累，当淘宝客数量越来越多，甚至达到数百、上千时，就会逐渐实现由量变到质变转化，淘宝客推广效果也会有显著改善。曾经有家男装店铺在进行淘宝客推广时，每周都给自己制订一个招募淘宝客数量的目标，大概两个月过后，店铺每天通过淘宝客成交的单数，几乎都超过了200单，使该店铺尝到了淘宝客推广的甜头。

既然淘宝客推广是商家应知应会的一种有效推广方式，而且前期不用支付任何费用，成交后再支付佣金，那么，商家应该如何开通和设置淘宝客推广呢？这是本书接下来要介绍的内容。

怎样设置淘宝客推广

相对来说，淘宝客推广的操作方法是比较简单的，商家新建一个推广计划，添加要推广的宝贝，然后设置佣金比例，这样就可以完成淘宝客推广的设置了。实际上，淘宝客推广中最核心的两个要点：一是如何寻找到更多的优质淘宝客，二是如何让众多优秀的淘宝客愿意推广店铺的产品。

在实际运用中，商家可以登录淘宝客后台的操作界面，在里面选择“推广管理”，从而设置淘宝客推广计划。其中，还会涉及一些淘宝客推广的数据，比如，结算金额是通过淘宝客推广成交，当前已经交易成功的金额；引入付款金额是通过淘宝客推广成交，交易还未完成的金额。商家在淘宝客后台中选择“新建自选淘宝客计划”，就可以开始新建推广计划。

这时，商家可以为新建的推广计划编辑一个计划名称，名称一般无特定要求，方便容易区分即可；计划类型通常选择“公开”，审核方式分为“自动审核”与“手动审核”。其中，“自动审核”可以通过淘宝客的等级来进行筛选，过滤掉等级较低的淘宝客；“手动审核”就是针对淘宝客发的推广申请进行逐一审核，选择好起止日期，点击“创建完成”即可。

商家在新建完推广计划后，接下来就是选择要参与淘宝客推广的宝贝，在添加完成后，编辑设置佣金比例即可。通常情况下，淘宝客推广计划分为四种类型，分别是通用推广计划、如意投计划、淘客群计划和定向推广计划。

其中，通用推广计划是商家设置淘宝客推广的默认计划，所有淘宝客都能参加并推广，这类计划一般不设定任何门槛，新开店铺以及小卖家们为了增加淘宝客数量，可以采取这种计划。通用计划通常可以设置主推宝贝30款，不能删除，但是能修改，佣金比例最高可以设置为50%，佣金修改后次日可以生效。此计划不需淘宝客申请，佣金不宜过高。

如意投计划是淘宝天猫为商家量身定制，按效果付费的营销服务，系统根据商家宝贝的综合质量以及佣金比例进行匹配，由系统精准投放到一些渠道上。比如一些特卖频道底部的热卖推荐，或者一些网站的推广位上等，不需商家寻找资源位投放，系统将智能进行投放。

淘客群计划是由淘宝联盟工作人员将一些优质、推广不错的淘宝客整合为一个群，这些淘宝客不需要再逐一去申请加入掌柜的定向计划，由优质淘宝客群体里的人进行推广，当然，由于是优质淘宝客组成的群，因此佣金率普遍也较高些。对此，一些薄利多销的卖家可以考虑设置该淘宝客计划。

定向推广计划是卖家专为淘宝客中某一个细分群体设置的推广计划，可以让淘宝客在“阿里妈妈”前台看到推广，并吸引淘宝客积极参加；也可以由卖家不公开地跟某些网站协商好，从而让卖家获取较大的流量，让淘宝客获取较高的佣金。该计划不可删除，但可以修改，佣金比例最高可以设置成90%，修改后，淘宝客会有邮件通知，佣金不易经常改动；该计划可以设置申请门槛，比如，商家可以设定淘宝客在达到某信誉级别后自动通过，若达不到则要手动审核，从而控制了淘宝客的质量。

淘宝客推广的注意事项

从某种程度上说，淘宝客推广更像是淘宝天猫店铺与淘宝客之间的一种商业合作，既然是合作，利润分成自然很重要。在合理制定利润分成的基础上，商家找到的淘宝客合作伙伴越多，就意味着商家的推广渠道越多；能够持续维护好与合作伙伴之间的关系，将会关系到商家推广渠道的稳固程度。因此，下面就从设置佣金比例、招募淘宝客，以及如何做好后期维护工作等方面谈一下淘宝客推广的一些注意事项。

首先，设置佣金时应该注意什么？

佣金是吸引淘宝客的一个核心因素，也决定着淘宝客能赚到多少佣金。由于类目、产品、店铺的经营实际情况有所不同，商家在设置佣金比例的时候应该有不同的策略。对经营时间不长的店铺，其销量、信誉、老客户数量都比较薄弱，此时想吸引大量淘宝客就需要在很大程度上让利，并且积极配合提供淘宝客所需要的推广素材，加上佣金比例较高，很多淘宝客会愿意参与进来。

对运营相对稳定的店铺而言，店铺发展进入了一个稳定发展的阶段，宝贝销量、好评、服务动态评分等方面均进入正轨，店铺运营的配套设施都相对完善，店铺又有着不错的销量，这时，很多淘宝客都会愿意主动推广产品。这时，店铺可以根据本店利润以及行业竞争对手的情况进行设置，佣金比例最好设置在中等水平。

对爆款产品而言，其本身具有很高的性价比，因此在设置佣金比例的时候，一定要在产品利润承受范围内，而且佣金比例要保持一定的稳定。在爆款形成或者处于稳定阶段时，通常不要大幅度调整佣金比例，举例来说，若当前爆款的佣金比例是30%，由于爆款销量涨起来，商家想减少开支，便把佣金比例设置成了10%，这样的话，淘宝客看到佣金下调，可能会造成忠诚度下降，从而减少对宝贝的推广。

其次，招募淘宝客时应该注意什么？

商家在进行淘宝客推广时，招募淘宝客可谓是推广运营的关键，可以说，商家要能让更多的淘宝客帮助店铺卖货，才有可能为店铺开辟更多的发展渠道。那么，店铺在招募淘宝客时，主要应该注意什么呢？首先要开设高佣金计划，商家可以结合自己的利润空间，把佣金比例设置得比较有吸引力；其次，商家要在一定程度上对淘宝客进行筛选，了解淘宝客的推广渠道及受众人群，分析是否与自己产品的受众人群一致，商家要尽可能地选择精准的淘宝客，减少无效流量，避免产品不仅没有卖出去，还导致宝贝权重被拉低，从而降低转化率。

再次，在后期维护与淘宝客之间的关系时应该注意什么？

当店铺的淘宝客数量足够多时，如何做好淘宝客的维护工作，让淘宝客户持续地愿意推广店铺的产品，也是店铺需要重点考虑和解决的问题。为此，商家可以制订一系列奖励计划，比如，在规定时间（如一个月）内推广成交多少单生意，可以额外奖励多少费用，具体数额需要商家根据自己的额利润空间来定。除此以外，商家还可以每天在群里与淘宝客进行互动，先和他们处成朋友，这样的话，既有丰厚的佣金和奖励，又有商家的及时交流，推动淘宝客帮你推广商品也就会容易多了。

最后，商家发布淘宝客推广的操作比较简易，广大网民申请成为淘宝客也比较简易，毕竟成为淘宝客的准入门槛较低，相关知识也简单易学，而且容易获利，所以淘宝客越来越多。商家一定要努力筛选优质的淘宝客，从而为自己的产品销售开辟更多的优质渠道。

第七章

站外SEO与店铺导流

淘宝天猫店铺的流量，不仅来自站内，还可以来自淘宝天猫站外。随着SNS（Social Networking Serivce，社交网络服务）的普及，尤其是微博、微信等手机端社交自媒体的普及，使用户进入淘宝天猫店铺的入口变得多元化，比如用户在微信里点击某个链接同样可以登录淘宝天猫店铺，从而将流量引导入淘宝天猫店铺。

常见的网上推广方法

网上推广是指通过基于互联网采取各种方式进行的一系列宣传推广活动，从而达到提高品牌知名度的效果。本书在前面提到的直通车推广、淘宝客推广等方式便是常见的网上推广方式，在这里再介绍几种其他常见的推广方式。

1. 淘宝天猫社区推广

由于淘宝天猫平台是广大买家经常光顾的购物平台，也随之兴起了不少淘宝天猫购物交流社区，在这些交流社区里，买家希望找到自己需要的商品，卖家则在此推广自己的商品，每个人都有可能成为潜在客户。当然，卖家在社区里推广时，需要注意社区规则，树立自己的良好形象，从而提升推广效果。

2. 论坛推广

论坛是互联网世界里颇具人气的地方，论坛里的人数之多、人气之旺也吸引了很多人的注意。对此，商家适当选择一些人气较旺的社区进行推广，有助于为店铺带来一定的流量。另外，商家在论坛里推广店铺时，要讲究发帖技巧，选择适当的论坛签名，努力让论坛推广发挥出应有的作用。同时，商家在论坛中发帖时，往往以软文为主，卖家也可以认真回复论坛中其他人的帖子。

3. 问答平台推广

在百度、搜索、网易等大型网站都有问答系统，商家可以在这些平台里搜索与自己经营相关的产品，然后回答相应的问题。商家也可以组建一支问答团队，专门回答一些和自己的店铺与产品相关的问题。在做问答的时候，商家要注意不可让广告意图太刻意，要讲究一定技巧。

4. QQ、微信群推广

如今，QQ和微信作为非常普及的聊天工具，也是商家重要的推广工具，商家可以加入一些淘宝天猫买家或卖家的交流群，通过聊天方式推销自己的产品。当然，商家要注意推广的尺度，以免被QQ和微信群群主从群里踢出。

5. 礼品推广

这种推广方式是，在顾客购买商品时，若达到一定金额，就赠送小礼物。一般来说，人们普遍喜欢免费的东西，可能礼品本身不值多少钱，但是却可以在一定程度上满足人们享实惠的心理。

6. 发起团购

通常情况下，买家选择零买，那么享受的折扣和优惠普遍有限；若买家跟他的朋友们一起购买你的宝贝，则可能获得价格上更大的优惠和折扣。对此，卖家可以主动发起团购，鼓励买家购买，并做出一定让利，这样做买家能得到实实在在的实惠，卖家能增加销量，对买卖双方皆有利。

总的来说，做网上推广是一件需要坚持的事情，短期可能看不到什么效果，但若长期坚持，往往可以见到一些效果。因此，商家在进行网上推广时，一定要坚持，不可浅尝辄止，一看有困难就退缩。

通过网站或博客宣传网店

作为淘宝天猫平台上的店铺卖家，怎样让消费者在购买某商品时就能优先想到你的店铺？一般来说，除了店铺自身的实力和信誉外，店铺的宣传也是不可少的。在这方面，商家可以设计一个宣传店铺的网站或博客（实际上，博客在某种程度上也可以视为一个网站），然后做好SEO，让百度等搜索引擎能够搜索到自己所做的网站或博客，当潜在顾客在百度等搜索引擎里搜索与你相关的关键词时，就可能让用户在搜索结果页看到你的店铺信息，从而增加交易成功的可能性。

另外，当一个新网站或博客建成以后，需要提交给百度等搜索引擎，从而有利于搜索引擎收录网站或博客。其实，一个新的网站或博客，即使不主动提交给百度搜索引擎，百度仍会主动抓取到新网站的信息，并在用户搜索时予以相应的呈现。

一般情况下，百度等搜索引擎收录一个新网站或博客的标准，是看这个网站内容的质量如何，也就是说，新网站的内容质量越高，收录越容易、越快。通常情况下，只要新网站或博客基本搭建好了，内容填充完整，就会很快被百度等搜索引擎收录。

当然，如果商家发现新网站迟迟没有被百度等搜索引擎收录，往往有四种解决途径：一是提高网站内容的质量，多写一些原创性的文章；二是主动把网站提交给百度等搜索引擎；三是与已经被百度等搜索引擎收录的网站做好友情链接；四是到论坛里发帖子，并在帖子里留下网站的网址。

实际上，新网站或博客被百度等搜索引擎收录还只是第一步，接下来最关键的是如何做好关键词在百度等搜索引擎上的排名。一般情况下，只有网站上的关键词在百度等搜索引擎里获得好的排名，网站才具备营销价值，才会被意向客户通过搜索引擎找到。

一般来说，网站是由首页和内页组成的，首页以外的所有网页统称为内页。百度等搜索引擎通常能够比较容易地收录网站的首页，但是对内页的收录会慢些。对此，解决百度等搜索引擎收录网站内页的方法主要有四个方面：一是在网站上增加发布原创文章的次数；二是把内页与首页进行链接；三是在与其他网站做友情链接的时候，让对方的网站链接你的内页；四是在论坛里发帖子的时候，在帖子里留下内页网址的链接。通常来说，根据这些做法做上一段时间，内页标题上的关键词就会在百度等搜索引擎里有好的表现。

此外，网站的内容在符合相关性的基础上，还要看网站内容的格式，包括网站里文章字体的统一性、文章段落的划分等，这些都是百度等搜索引擎收录时讲究的细节。总的来说，商家在注意网站或博客内容的原创性和关联性时，还要注意内容的格式，确保格式的正确性。

实际上，商家所涉及的用来推广店铺的网站或博客，属于营销型网站或博客，为此，商家需要在网站上设置产品关键词，并且对关键词进行SEO优化，使关键词在百度等搜索引擎上有较好的搜索排名，这样的话，有助于每天都有定向流量进入网站，并带来有效的客户询盘和订单。

如何用微博推广网店

微博推广是以微博作为推广平台，每个粉丝都是潜在的营销对象，因此，商家可以开通微博，通过微博向网友宣传企业、产品的信息，从而树立良好的企业形象和产品形象。另外，商家一般要每天更新内容与大家交流，或者谈论大家感兴趣的话题，从而达到营销推广店铺的目的。

在实际工作中，新浪微博运用得比较频繁，在这里就以新浪微博为例，先看下如何增加新浪微博的粉丝数。

一般来说，开通新浪微博后，要先去“关注”别人，成为别人的粉丝。在这方面，粉丝的质量比数量更重要。为此，商家要先了解自己的客户群是些什么人，先成为自己客户的粉丝。实际上，你成为对方的粉丝后，对方可能会反过来关注你，成为你的粉丝，从而实现互粉，使你拥有一批高质量的粉丝。

接着，还要写作有质量的微博内容。比较而言，写微博要比写博客容易得多。因为博客文章的篇幅较大，字数可以多达数百上千字，甚至可以更长，但是一篇微博最多不能超过140字。因此，短小精悍是微博的特点。

在写作微博内容时，内容的定位应该结合企业的特点，同时还要从用户的角度去着想，毕竟微博内容是为用户服务的，用户能够从微博中获取想要的东西，才会更加忠实于你，和你成为朋友，也才能有利于你接下来的销售。

另外，在微博的内容中，选择合适的图片也非常重要，要经常去和自己相关的微博里获取一些行业里的图片，重视微博推广的细节，努力把微博写好。在这方面，建议商家可以在微博里写自己的日常感悟，增加个性化色彩，还可以在微博里写故事，取材可以有企业成长中的创业故事、经验教训、获得的荣誉等，还可以展示工厂、品牌、设备等，以及团队故事、聚会、培训等，商家还可以在微博里写一些关于客户的故事、媒体专家采访报道等。为什么要在微博里多写故事呢？这是因为，故事最容易形成口碑传播和品牌传播，也更容易被人们接受和喜闻乐见，实际上，那些被转载频率高的微博往往就是不同的故事。

在有了微博内容后，该如何把微博推广出去，以及通过微博来推广网店呢？在这方面，我们可以在经常活动的网页上留下自己的微博地址，比如，将微博地址放在你的博客里每篇文章的底部，或放在你的QQ空间里的每篇文章的底部等，总的来说，凡是你能想到的地方，都可以留下微博地址。

如何在微博上推广网店呢？可以在微博上书写促销文案，在文案里充分说明产品的价值，加上店铺宝贝的链接，吸引粉丝点击访问；必要时，还要为客户营造一种紧迫感，比如明确表示什么时间统一促销，在什么时间截止，要限制什么样的数量等，从而让微博推广发挥应有的效果。

总的来说，微博推广不是一蹴而就的，需要长期坚持，拼的是投入和执行力，要长期坚持下去，在实践中不断积累经验，培养和用户的感情，从而一步一步地实现在微博推广方面的营销目标。

如何用微信推广网店

在当今移动互联网时代，微信堪称最为普及的即时聊天工具，据统计，截至2015年第一季度，微信已经覆盖我国90%以上的智能手机，月活跃用户达到5.49亿。基于微信平台上海量的用户，利用微信进行推广和营销也成为一种重要的网络营销方式。

那么，用微信推广网店有哪些技巧，又有哪些方面需要注意呢？下面就来介绍下相关内容。

1. 没有必要花费太多精力去注册很多微信号

有些商家觉得微信公众号越多越好，便注册了很多公众号，结果由于时间和精力有限，都未能做好。一般来说，商家最好选择一个微信公众号来用心做好，并利用它来推广自己的产品，把它做大做好即可。

2. 要避免公众号内容太过单一

举例来说，销售产品的微信账号，如果每天都是关于自己产品的文章，那么这个账号可能会让人觉得兴味索然，所以，商家应该把微信内容做得丰富一些，让微信内容更接近于人的生活。另外，在维护公众号时，还应注意塑造编辑者（有时称为“小编”）的形象，让编辑者有鲜明的个性特点。比如，编辑者偶尔可以在微信里撒娇："昨天的活动奖励设置太多了，老板要开除我，除非有100个人回复支持小编，拜托了……"这样的话，就使得微信内容变得更加丰富。

3. 微信文章需要注意的事项

一般来说，微信文章的标题要注意前13个字，这13个字会直接影响文章的点击率。因此，应该尽量将这13个字写得足够吸引人。另外，微信文章的配图也要足够赏心悦目。

在微信里的内容，一定要体现该账号的核心价值，内容也要多样性，迎合与满足众多客户的需求，从而增强内容的吸引力。

通常情况下，微信里不一定要发表长篇大论，但是要求文章能够吸引读者的注意力，文章内容一般以300～500字为宜。微信内容要讲究小而美，在内容提供上要能够长期坚持。

4. 如果要发链接，请优先选择短链接

有时，商家需要在微信朋友圈里发链接，这时，建议优先选择短链接，太长的链接会影响美观，从而让人失去点击的欲望。

商家在朋友圈里转发其他人的文章时，要加入自己的评论或者摘录文章中的观点，从而让朋友更加信任或好奇。有时，你转发自己公众号里的文章加评论，其他人在朋友圈里转发你的文章时，也可以直接复制粘贴你的文字描述。

通常情况下，微信文章转发有两种方式：一种是在朋友圈里转发，另一种是在微信群里转发。商家可以选择合适的方式进行转发。

5. 多关注竞争对手的微信

竞争对手是很好的老师，因此，如果你关注了30个竞争对手的微信，就意味着有30个人教你怎样做微信推广，这时候，你要做的就是总结归纳他们的推

广方法，从而找出最适合自己的方法。

6. 微信营销的目的是维持与客户的关系

其实，微信作为一种强社交工具，更注重维持与客户的关系，所以，商家应该用足够的时间来培养客户对店铺的信任度，并且暂时忘记销售。可以说，在微信推广中，粉丝的质量要比数量更重要，我们最需要的是目标粉丝。基于此，商家要用微信维持好与客户的关系。

7. 关键要发挥人的作用

微信推广能否成功，人的因素尤其重要，这里的人指的是使用微信做推广营销的人员。为此，推广者一定要努力提高自己运营微信的水平，多与其他人交流，从而一步步提升自己用微信推广营销淘宝天猫店铺的本领。

最后，商家还要培养线上线下互动推广的能力，通过在微信线上聚拢人气，以及在线下交流强化真实性，使得商家更有亲和力，最终充分挖掘微信的内在营销潜力。

怎么吸引新客户进网店

一个网店要想做大，需要顾客数量的增多，这就离不开新客户数量的增加。那么，应该怎样吸引新客户进网店呢？本书在前面阐述过客户访问了淘宝天猫店铺后，可以通过关键词搜索，点击搜索到的宝贝进入店铺，其实，商家还可以通过让用户在站外直接点击店铺的链接，从而进入店铺。

举例来说，百度目前是我国最大的搜索引擎，每天会有无数的客户通过百度搜索进行购物。因此，如果商家能把流量从百度引导到淘宝店铺，无疑会给店铺带来更多的流量。但是，淘宝天猫在一定程度上屏蔽了百度搜索蜘蛛（搜索蜘蛛又称网络爬虫，是一种按照一定规则自动地抓取互联网信息的程序），因此，平时在百度里搜索某个淘宝天猫店铺时，即便可以搜索到相应的店铺，但是描述信息通常被屏蔽。

虽然淘宝天猫屏蔽了百度的搜索蜘蛛，但是并没有屏蔽其他网站。这样的话，假如我们有一个新浪博客，那么可以在新浪博客上设置一个关键词，通过SEO的方式对这个关键词进行优化，然后在新浪博客里放上你的淘宝天猫店铺链接地址，如果以后这个关键词在百度上的排名靠前，用户从百度上搜索这个关键词时，就可以进入你的新浪博客，然后顺着你在新浪博客上留下的链接，就会进入你的淘宝天猫店铺。

如果你把很多关键词做到了百度搜索排名靠前的位置，就会有更多的客户从百度通过链接进入你的店铺，这个流程是“百度—博客—淘宝天猫店铺”，其中，新浪博客、搜狐博客、网易博客等均可。这样在百度和店铺之间增加一个博客的环节，就能实现将客户从百度引入店铺的目的。

当然，要实现上述效果，离不开对博客进行SEO优化，从而使关键词的排名靠在百度搜索结果的前面。有些淘宝天猫上的大卖家可能不屑于做这样的工作，他们可以在百度上投放大量广告，然而对众多中小卖家来说，没有太多钱去投放广告，花时间使用百度SEO这样的免费推广方式也是值得的。

另外，如果商家有自己独立的企业网站的话，在网站上应该如何设置关键词呢？一般来说，网站设置关键词是希望能在百度搜索引擎上排名靠前。然而，不少商家在设置网站首页的标题关键词时会犯两个错误：一是不设置任何关键词，只有一个企业名称；另一个是堆砌六个以上关键词。

应该说，这两种方式都是欠妥的。现在，百度是禁止在网站首页堆砌关键词的，凡是堆砌关键词的网站，百度通常都会进行打击，降低其在搜索结果中的排名权重。一般来说，网站首页上设置三个主要的关键词比较好，如果商家还想多设置一些，最好不要超过五个关键词，否则，会被百度认定为“堆砌关键词”，属于作弊行为，这样的网站往往会被百度惩罚，降低其搜索排名权重。

由于互联网世界的资源异常丰富，商家不仅要做好百度SEO，使客户可以从百度搜索中逐步访问到自己的店铺，商家还可以在微博、微信等平台上访问到店铺的链接，从而吸引越来越多的新客户访问店铺，增加店铺访问流量。

SEO与UEO相结合

SEO主要是通过站内优化，使网站满足搜索引擎收录排名的需求，在搜索引擎中提高关键词排名，从而吸引精准用户进入网站，使网站获得免费流量，产生直接销售或品牌推广的良好效应。

在这里再给大家介绍一下UEO，全称是User Experience Optimization，即“用户体验优化”，也就是说，本着为访客服务的原则，把网站针对用户的体验进行优化，面对用户层面的网站内容性优化，改善网站功能、操作、视觉等网站要素，从而获得访客的青睐，并提高流量转换率。

其实，我们平时或许听说过“用户体验”，相对于SEO来说，就是如何把站点的流量变成高质量的流量，也就是最终的真实且有效的流量。换句话说，就是让进入你的站点的人感到所访问的站点是自己需要的，从而使其喜欢经常浏览你的站点，并且愿意到你的站点上找寻产品资料，或者购买产品。

可以说，SEO与UEO的有效结合是网站优化的一个理想境界。商家不要纯粹为了搜索引擎优化而去做网站，要从用户体验优化角度去营销自己的网站，一切为了用户去设计，这才是营销网站的成功之道。

对用户而言，UEO使网站开发和设计人员更注重人性化体验，从而使网站对用户更有吸引力。另外，UEO的提出不是相对于SEO而言的，而是基于SEO，或者是两者相互兼顾的。只有同时做好SEO和UEO，网站既有足够的流量，又能给用户带来良好的体验，才能更好地体现网站自身的价值。

应该说，用户体验优化才是网站最终的优化，只有用户体验得到了改善，才能真正促进口碑传播。以营销性的博客为例，在确保用户易于搜到的基础上，一定要让博客显得有吸引力，让用户愿意访问你的博客，并从中找到淘宝天猫店铺的链接，引导用户去访问你的淘宝天猫店铺。

另外，网站中还有一个跳出率（又称“跳失率”）的问题。一般来说，跳出率越高，说明网站越没有吸引力；反之，跳出率越低，说明网站越有吸引力。

因此，要对网站的每个可能影响用户体验效果的细节进行优化，降低跳出率，努力让用户喜欢上你的网站，让用户舍不得离开你的网站。

最后，在选择一些互联网资源，如网站、博客、微博、微信等来推广淘宝天猫店铺时，要将SEO与UEO相结合，不仅实现在百度等搜索引擎中排名靠前，还要给用户带来良好的体验，从而做好对店铺的站外推广。

社群营销+移动搜索营销

社群营销是基于相同或相似的兴趣爱好，通过某种载体聚集人气，通过产品或服务满足群体需要而产生的商业形态。微信营销就属于移动端的一种社群营销。其实，社群营销的载体不局限于微信，很多平台，甚至线下的平台和社区都可以做社群营销。

通常来说，做社群营销的关键是要有一个某一领域的专家或者权威，从而便于传递信任感和价值。通过社群营销，可以提供实体的产品来满足个体的需求，也可以提供某种服务。

实际上，社群营销是任何时代、所有商业都在追求的一种营销目标，只是到了移动互联网时代，有了诸如微信这样高效率的沟通工具后，有着共同关注点的一群人在一起找到了解决痛点的方案，从而构成一个有着共同需求的社群。可想而知，如果商家为自己的产品找到了一个有着共同需求的社群，显然会极大地促进产品销售。

以微信营销为例，它可以利用原创文字、视频、音频的传播来积累粉丝，通过与粉丝互动，增加粉丝对卖家品牌、产品的认知和信任，从而提高产品购买的转化率。

另外，在PC端，SEO主要是针对百度搜索引擎，商家把关键词优化到了百度的第一页，往往就意味着不愁没有客户主动联系自己。那么，作为社群营销典型代表的微信，是否有SEO呢？尽管粉丝数量对微信营销非常重要，实际上，精准的粉丝对微信营销来说更为重要，粉丝越精准，意味着微信营销的精准度越高。

其实，微信也有SEO。众所周知，百度是搜索引擎，所以有百度SEO；淘宝天猫有内部搜索引擎，所以有淘宝天猫SEO……可以说，凡是有搜索引擎存在的地方，就会有SEO。基于此，微信搜索引擎，主要指微信公众号的SEO。我们不妨按照图7-1的提示在微信上操作。

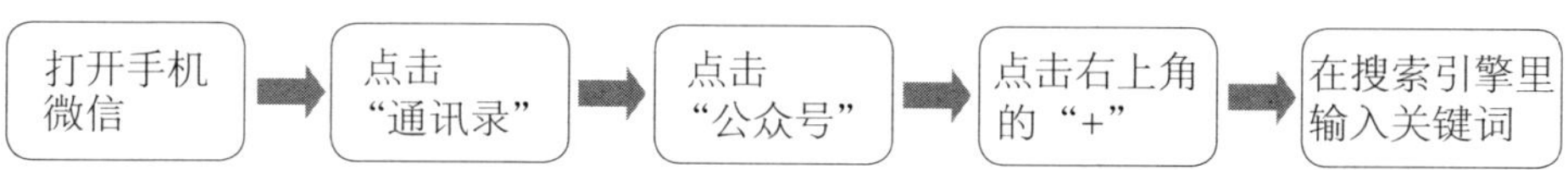

图7-1 微信搜索引擎操作步骤

可以根据上面的操作步骤在手机微信上进行操作，在微信搜索引擎里输入关键词，假如公众号在搜索结果页里排名比较靠前，意味着公众号将有可能被大量目标潜在客户所关注。一般来说，通过微信搜索引擎获得的粉丝还不足以都能成为成交客户，那么，应该如何才能提高成交率呢？微信是一个很容易增强粉丝信任度的工具，当粉丝关注了微信公众号后，要把粉丝导入到私人微信号里。这期间，可以在微信里发布一系列原创性的文字（或者音频、视频等），久而久之，粉丝通过对你的关注会增加对你的信任，从而基于信任而购买你的产品。这就是微信SEO，也就是“移动社群营销+移动搜索引擎”的美妙结合。

其中，微信SEO的神奇之处在于：粉丝会主动加你，并且很可能属于你的精准度较高的客户群，是带着一定购买意向才加你的微信公众号的；另外，粉丝还会长期关注你，从而对你产生信任感，并带来较高的成交率。

SEO与自媒体相结合

所谓自媒体，是指私人化、平民化、普泛化、自主化的传播者，以现代化、电子化的手段，向不特定的大多数或者特定的单个人传递规范性及非规范性信息的新媒体的总称。当前的自媒体主要有博客、微博、微信、百度官方贴吧、论坛等网络社区。可以说，现在SEO与自媒体相结合的趋势越来越明显。

在传统的SEO中，网站只要能够将主关键词优化到百度的第一页，好像就算大功告成了，可是却出现了一个问题，那就是转化率不高。实际上，任何营销型网站，包括淘宝天猫店铺，最终都要以流量的转化率作为最后目标，否则在投入产出比的指标上表现就要逊色。其中，提高流量转化率的一个有效办法就是将SEO与自媒体结合起来。或者可以说，SEO带来意向流量，自媒体增加信任度，从而带来较高的转化率。

在现实中，不少人早早地开通了博客，长期坚持原创写作，积累了大量的原创文章，总访问量也非常高，这样的作者堪称是博客自媒体人。其实，互联网上的资源非常丰富，要懂得平台资源整合，除了博客，还可以开通QQ空间、微博、微信等，从而在互联网的世界里建立一个“博客、QQ空间、微博、微信”的自媒体综合平台，并在多个平台上设置关键词，这样的话，既做好SEO，又有自媒体的有力支撑，推广的店铺转化率也会有明显提高。实际上，由于自媒体里有丰富的原创文字，潜在客户通过关键词搜索，进入自媒体平台后，他们通过反复阅读你的文字，会对你产生极大的信任感，信任感一旦建立起来，转化率也就往往会随之显著提升。

那么，商家应该如何把SEO和自媒体有效结合起来呢？一是开通多个自媒体平台，在自媒体平台上做好关键词优化；二是将搜索流量尽可能导入自己的自媒体平台体系中。这样的话，用户只要在搜索引擎里搜索相关的关键词，就有可能搜索到你的自媒体平台，并通过你的自媒体平台认识到你的店铺和产品，使得客户订单得以源源不断地到来。

另外，自媒体还可以提供一系列专业化的知识解答，这通常需要你对某个领域有较为专业的研究。在此基础上，你可以把自己打造为某个领域的“意见领袖”，你还可以在博客中与大家分享产品相关知识，例如产品选购技巧、使用技巧、维修技巧等。

总的来说，在互联网时代，已经不再是“酒香不怕巷子深”的时代，即便你的产品有价值，也离不开客户的了解、认可与欣赏。因此，商家做好自媒体，既有助于打造店铺和服务品牌，还有利于零距离接触客户的需求，并将SEO与自媒体相结合转化为店铺的一种独特盈利模式，最终增加店铺流量，提高店铺的转化率。

网店代销怎么做

网店代销又称为网店代理，是指某些提供网上批发服务的网站或者能够提供批发货源的销售商，与想做网店代销的人达成协议，为其提供商品图片等数据，而不是实物，并以代销价格提供给网店代销人来销售。

一般来说，网店代销人将批发网站所提供的商品图片等数据放在自己的网店上进行销售，在销售出去商品后则通知批发网站为其代发货。销售出去的商品只从批发网站发到网店代销人的买家处，网店代销人在该过程中看不见所售商品，网店代销的售后服务也由批发网站负责。

对一些淘宝天猫店铺来说，为了增加分销渠道，可以适当发展网店代销，从而增加销售渠道。这样的话，代销人在为网站或网店进行SEO的话，某种程度上也是在为批发商进行SEO。

那么，对代销人而言，网店代销具有什么样的特点呢？一是不必承担进货风险，几乎是零成本，网店代理者不用囤货，所售商品属于批发网站；二是批发商代发货，网店代销售出商品后，联系批发网站，由批发网站代其发货；三是一件起批，一般情况下，在批发网站进货，需要达到一定数量才可以享受批发价，而网店代理即便是单件也是批发价；四是看不见实物，批发网站通常只提供商品图片，以供代销人放在自己的网店上销售；五是支付方式多样化，可以使用支付宝交易，也可以采用快递代收货款、当面检验的方式，为批发网站、代销人和购物者提供了便利。

网店代销的优势是没有库存，从而有利于代销人避免产品积压库存，能减少资金风险。只要代销人接到了订单，就可以报单给供货商，由供货商发货。如果代销人选择了一家好的批发商，不但商品种类齐全，而且款式丰富多样，那么，代销人把这些货放到自己的网店上，显然要比一些产品单一的网店更有竞争力。但是，代销人面临的一个劣势是货品质量不好把关，货品库存也不好掌控，容易断货，从而会在一定程度上影响自己的经营信誉。这就涉及了网店代销的一些风险，比如，代销人由于看不到实物，无法有底气地向顾客保证商品的品质。

为此，从批发商的角度来看，应该怎样降低风险呢？一是提高产品质量，减少售后成本，在生产环节要严把质量关，确保生产进度和产品质量均要过关，在质检环节把好关，确保产品质量过硬；二是解决客服咨询效率的问题，对代销人和客户提出的问题，要及时解答；三是避免产品出库中的错误，要确保仓库人员分工明确，货物摆放整齐有序；四是合理控制代销人数量，对一些品牌做得较大的厂商而言，甚至可以尝试对代销人收费，从而在一定程度上控制代销人数量；五是以提高代销人销量为中心，策划一系列促销活动，如包邮、满立减、买即送等，还可以推出一系列补贴政策，帮助代销人去做推广，如直通车补贴、淘宝客佣金补贴等，还可以设置一个平台，鼓励代销人在里面畅所欲言，反馈意见等。

总之，商家用好网店代销，可以在一定程度上扩展自己的分销渠道，可以利用更多的网店、网站等平台来代销自己的产品，从而有效提高产品销量。

淘宝天猫站外SEO综述

相对于广受人们关注的淘宝天猫站内SEO而言，站外SEO对店铺经营也有着重要的作用。诚然，站内流量是最有价值的，站外流量同样不可忽视。毕竟店铺经营离不开流量，有了足够的流量，转化才能有更大的可能。

根据商家平时所用的一系列站外推广引流的方法，介绍一下淘宝天猫站外SEO的常用措施。

1. 充分用好百度平台，将宝贝推到百度搜索结果的首页

商家可以积极运用百度知道、贴吧、文库等平台，并把宝贝链接放到百度这些平台上，从而使用户在百度里搜索相应关键词时，就能看到店铺与宝贝信息。

举例来说，可以在百度知道里查看有哪些问题是跟自己产品相关的，然后予以有针对性的回答。比如，店铺是销售女装的，在百度知道里看到有人搜索女装方面的问题，如“哪里的某款女装比较好”等类似问题，假如店铺里正好有这类女装，那么就可以引导用户到店铺看看，为用户介绍产品。必要时，还可以添加对方的微信，从而增加潜在客户数量。

2. 用好软文营销

这通常是写与店铺产品相关的软文、使用技巧、说明指南、用户使用感

受等文章，其中，博客营销是在这方面运用较早也比较经典的方式，其优势在于可以让消费者深入充分地了解产品。一般来说，博客运营需要多些原创性文章，需要长期坚持，只有这样，撰写的一系列软文才能最终起到有力的作用。

3. 论坛社区推广

商家可以经常去逛论坛社区，在里面发一些与产品相关的话题。商家一般不便直接在论坛社区里推广自己的店铺和宝贝，以免引起论坛里其他人的反感，对此可以逐步将用户引导到其他推广平台，从而实现店铺推广的目的。

一般来说，在论坛里发帖要讲究技巧。在这方面，有些商家甚至还组建了发帖团队，从而确保发的帖子质量较高，针对性较强，能够引起论坛社区里其他人的共鸣。

4. 注重社交平台营销

现在，社交平台的使用人数和使用频率可谓海量，其中，社交平台里的“意见领袖”发挥的作用尤其令人关注，通常情况下，“意见领袖”在某个社交群体里分享的产品可以得到较大的曝光和浏览量。

5. 适当开发自主移动终端APP

如果商家具备一定资金实力，或者技术实力，也可以开发自己的移动终端APP，从而更用户提供更好的、定制化的体验。关于开发出的APP推广问题，商家可以在店铺明显的位置放上下载二维码或者下载地址链接，还可以通过其他网络工具进行宣传推广，这样的话，如果用户在手机上安装了商家的移动端APP，就意味着商家增加了些固定流量。

总的来说，进行淘宝天猫站外SEO推广，主要是在淘宝天猫以外增加店铺的曝光机会，便于用户在广阔的互联网世界里搜索到店铺和宝贝的信息，从而向店铺与引入流量，增加转化成交的机会。

第八章

实战：打造爆款流量王

学习的目的在于有效运用，若只学不用，那么学到的知识就是“死知识”，难以发挥足够的生命力。基于此，结合前面关于淘宝天猫站内外SEO的阐述，本章实战演练如何打造一个爆款商品，以及淘宝天猫SEO在打造爆款中发挥的积极作用。接下来，让我们进入打造爆款的实战环节吧！

为什么要打造爆款

淘宝天猫店铺里的爆款即为人气宝贝，顾名思义，爆款具有较高的人气，在网店流量提升和转化率的提高等方面发挥着重要的作用。爆款的魔力在于瞬间引发网店流量，并吸引越来越多的回头客。

据统计，有不少爆款在一次成功的营销策划活动中，能够在很短时间（有的甚至是几小时）内达到高于5000件的单品销量，并且还能带动其他产品的关联销售。可以说，爆款产品不仅能给店铺带来较大的销量，还有助于改善店铺的整体经营。

平时在逛一些销量不错的店铺时，可以发现，这些店铺的销量集中在某些宝贝上面，有些宝贝销售了几万件，而有些产品销量不过几件。在企业管理学中认为，通常一个企业80%的利润来自它20%的项目，这就是所谓的“二八定律”。在网店经营中，80%左右的销量往往来自20%左右的爆款。

爆款对店铺的积极作用有如下几个方面。

1. 引入自然流量，提升店铺人气

一般来说，一个店铺要想给客户留下深刻的印象，通常需要具备一定特色产品，从而让客户一旦有相应需求，就会想到这家店铺。相对而言，爆款往往是能在某些特定方面很好地满足客户需求的，同时，爆款出色的销量，又便于爆款

在客户搜索时被搜索到，从而持续带来自然搜索流量，能提升店铺的人气。

2. 带动关联销售，提升客单价

客户在浏览爆款的详情页时，通常可以看到详情页中的一些关联营销，比如店铺借助爆款的人气和流量，将一些关联产品也放在爆款详情页上，增加其他产品的曝光度和访问流量，当客户购买爆款的同时，又购买了其他关联产品时，无疑会提升客户每笔成交的金额，也就是提高了客单价。

3. 利用消费者从众心理，提高转化率

客户在购物时，一般看到一款产品越热销，越容易激发购买的热情，这是消费学中的从众心理。相对而言，爆款的成交笔数往往较大，较容易激发客户的从众心理，从而使来访流量转化成交的可能性增大，从而提高转化率。

4. 降低库存风险，资金得以回转

商家在网上开店做生意，不仅要面临流量、销量的压力，还要面临客户的一系列评价指标的压力，为此，商家要提高发货速度，通常需要准备一些库存。若商家的出货速度很慢，经营的不确定性和市场流行款式的不确定性会加大商家的库存风险，不利于资金的尽快回转；若商家成功打造了爆款，在短时间内实现了产品的畅销，则有利于降低库存风险，加快资金周转。

5. 引来更多回头客

商家借助爆款，可以显著增加店铺的流量，也使得店铺的曝光机会增多，这时，店铺努力提升服务质量，用心服务好每个客户，提升客户的满意度，会增强客户持续来店购买产品的兴趣和信心，有利于为店铺培养回头客。

总的来说，每家经营成功的店铺，几乎都会有自己的爆款。因此，作为淘宝天猫上的店铺商家，一定要掌握打造爆款的本领。

SEO在打造爆款中的作用

淘宝天猫SEO既包括站内SEO，也包括站外SEO，其中，站内SEO的作用尤为重要，站外SEO可以起到积极的辅助作用。基于此，在阐述SEO在打造爆款中的作用时，主要从站内SEO和站外SEO两个方面进行论述。

1. 站内SEO

任何产品都有一个从新品发展来的过程，爆款也不例外。一般来说，新品刚开始都需要流量，如果某款新品将被作为主推产品，尤其是潜在爆款的话，对流量的需求就会更旺盛。毕竟，爆款通常会伴随较大的流量。

通常情况下，流量主要有三种，即自然流量、付费流量和活动流量。在新品的前期，往往主要依靠前两种流量。说到自然流量，SEO肯定不容错过。正如前面所阐述过的，SEO主要是指自然搜索优化，从而产品的排名靠前。

淘宝天猫搜索的核心是关键词，因此，淘宝天猫SEO的核心也是关键词。淘宝天猫搜索引擎的核心是为了方便搜索者，即消费者，从而为消费者提供良好的搜索购物体验。如何才能让消费者快速找到自己想要的东西呢？搜索引擎会把消费者搜索的每个关键词视为一种需求，也就是搜索这个关键词的消费者最想要的是什么，搜索引擎进而将消费者最想要的结果展现出来。其中，那些与消费者搜索的关键词相关度越接近的产品，获得的排名也会越好。

可见，商家要通过一系列数据分析工具，如生意参谋、生e经等来分析客户搜索频率最高的关键词，并提高主推新品与这些关键词的相关度。这个相关度里有两个主要因素，分别是属性匹配和类目匹配。

在选择属性匹配时，要确定最佳属性匹配，这方面要以最大搜索成交量来判定优先属性。举例来说，用户在搜索“项链#女”的关键词时，成交量最大的产品属性是“925银”属性，那么，选择“925银”属性的产品往往会排在选择“非925银”属性的产品前面。基于此，要确定产品的最大成交属性。

在为产品选择类目时，要选择正确最大类目，以及各级子类目，从而提高匹配度。可以说，站内SEO的一个核心是关键词，每个关键词都代表了一个类目，一个属性，一个消费需求。

此外，还要优化宝贝标题，要在标题中含有搜索的关键词，并且做好关键词的组合搭配。为了有效突出标题的个性化色彩，还可以在标题中适当融入长尾关键词，一般来说，长尾关键词的搜索人数不是很多，但是转化率较高，针对性也较强。在具体运用中，商家可以配合不同的营销阶段做出相应的选择。

其实，站内SEO的方式还有很多，在前面已经进行比较详细的阐述，在此不再赘述。

2. 站外SEO

商家通过站内SEO，可以使主推新品在淘宝天猫站内获得较多的自然搜索流量，商家还可以通过站外SEO，将站外流量导入主推新品与店铺，从而增加流量来源。

最后，一个爆款的打造，离不开流量的积累，在这方面，站内外SEO均可以有效地向商家的主推新品进行导流，从而为打造爆款提供必要的流量基础。

打造爆款前的准备工作

爆款对流量和交易量的巨大拉动作用是众所周知的，因此，很多卖家都想打造自己的爆款。然而，打造爆款不能盲目，需要经过精心的策划，正如古人所说“凡事预则立，不预则废”，也就是说，无论做什么事情，提前有准备才更有可能成功，如果提前没有做好准备，很可能就要失败。打造爆款通常需要做以下准备。

1. 选择好几款有爆款潜力的宝贝

要打造爆款，就要知道店铺哪些产品最受欢迎，可以通过生意参谋统计出宝贝被访排行，从而查询到当天或者最近一段时间的人气宝贝，并根据排名情况从中挑选2～3款宝贝作为爆款候选。选款非常重要，受大众欢迎、符合大众审美、质量好、性价比高，这些都是基础指标。如果选了款质量差的，又恰巧打造成店铺爆款了，那么店铺售后就惨了，卖得越多，店铺指标越惨。

2. 要与供应商进行充分而有效的沟通

在选出候选的宝贝后，接着要与供应商仔细沟通，了解宝贝的质量如何，品质有无保证，售后情况如何，货源是否充足，从而为爆款做好充分的准备。实际上，前期与供应商的沟通非常重要，可以避免爆款做起来后发生意外断货等情形。

3. 店铺界面要诱人，有吸引力

要提升客户的购买欲望，就要努力打造诱人的店铺界面和动人的文案，这样，当客户访问到店铺时，才会被个性化、有吸引力的界面与文案用语所吸引，可以在一定程度上增加访问流量，提高转化率。

4. 重视客户对店铺与产品的好评

买家在淘宝天猫上购物时，普遍会看下产品与店铺的好评，这也是买家了解产品与店铺的一个重要途径。如果产品与店铺的好评率高、好评多，就可以在一定程度上增强消费者的购买信心；反之，可能弱化消费者购买的信心。

5. 考虑好参加淘宝天猫活动的细节

当淘宝天猫官方举办一些活动，如“双11”等活动时，店铺主动参加这些官方活动，有利于在这样的流量高峰中分一杯羹，同时，在参加这些活动时，产品不可避免地要考虑促销价。

6. 根据产品的卖点与顾客的买点去写文案

商家要根据产品的卖点策划出好的文案，然后参照文案来拍摄与修图；同时，商家还要明白，产品的卖点往往是源于商家的归纳，还要重视产品的买点，这是源于买家的归纳，也是让买家动心购买的原动力。

7. 做好宝贝推广

商家在做好上述工作后，接下来就是努力增加宝贝的曝光率，让宝贝多出现在买家面前。在这方面，商家要做好站内SEO，增加宝贝的自然搜索流量，还可以适当购买付费流量，也可以做好站外SEO，从店外引来流量，最终为宝贝带来源源不断的流量，让宝贝的受欢迎度持续升温。

打造爆款的关键点分析

俗话说“打蛇打七寸”，意味着做事情存在着关键环节，抓好关键环节，往往可以起到事半功倍的作用。那么，在打造爆款的过程中，都有哪些关键点呢?

1. 流量是爆款存活的土壤

凡是爆款，一定有大量的访问流量，如果流量较少，店铺冷冷清清，一定不利于爆款的产生。所以，想要打造爆款，就一定要引进大量的访问流量。流量多了基数就大，成交的概率也就会随之增大。

一般情况下，常见的站内推广方式主要有钻石展位、直通车、淘宝客等，这几种推广方式是要收费的。相对来说，站内SEO是尤其要引起店铺重视的获取流量的方式，也是商家开店技巧与能力的集中呈现。

2. 运用好从众心理

一个爆款成功，往往表现为越来越多的人购买，销量越来越高，人们看到很多人购买爆款，便随之也前来购买，并在购买后对宝贝进行评价，当然以好评为主，从而使得爆款的人气越来越旺盛。

实际上，爆款一热卖，买的人就越来越多，恰恰反映出了顾客在购买时的从众心理。这是因为，人们在做出购买的决定时，通常会考虑某些风险因素，比如产品的使用价值是否适合自己，价格是否合理等。当用户看到很多人选择购买爆款，也看到了爆款上有来自很多买家的评论，尤其是好评时，会逐渐打动用户选择购买的决心。

另外，商家还要考虑到消费者心理中的“破窗效应”。所谓“破窗效应”，是指如果有人打坏了一幢建筑物的窗户玻璃，这扇窗户又没有及时得到修复，别人就可能受到某些暗示性的纵容心理，从而去打烂更多的窗户。

举例来说，买家若看到宝贝的好评，就有利于在一定程度上增加对产品的好感，强化购买的信心；若买家看到宝贝的差评，就会对宝贝降低信心，甚至像“破窗效应”那样，会联想到自己也会遭遇差评里所说的不佳购物体验，由此心理出发，甚至会直接促使买家做出不予购买的决定。当然，卖家无法干涉买家的评论，但是却可以体现出兢兢业业的责任心。比如，如果看到来自买家的好评，要及时致谢；如果看到买家的差评，要及时解释，必要时联系买家予以解释。这样的话，即便其他买家看到了差评，也可以看到商家的确是负责任的，从而避免使商家的服务在买家心目中呈现出一扇“破窗”，从而在很大程度上降低差评带来的负面作用，还可以继续升高商家推出的爆款的人气。

3. 宝贝质量一定要经得起考验

经过长期观察和总结发现，来自买家的好评、差评，除了与店铺服务质量紧密相关，还与产品质量有着密切的关系。实际上，买家购买产品，最终需要的是产品的使用价值，假如产品质量有问题，无法体现正常的使用价值，那么其他一切都是空谈。因此，商家一定要将产品质量放在店铺首位。可靠的产品质量，会更加有利于爆款的持续走俏。

总的来说，在打造爆款时，要努力做好上述关键点，同时，基于打造爆款是一件比较复杂的工作，期间与多个因素有关，商家还要勤于发掘其他重要环节，归纳技巧与经验，比如适当进行关联营销等，从而让爆款达到店铺的预期经营目标。

打造爆款的执行步骤

打造爆款需要策略与步骤，比如在什么时候加大直通车投入，在什么时候该提价，在什么时候该调低价格，在什么时候要适当放弃利润，在什么时候又要及时获取利润等。

任何产品都会有一个过程，如市场导入、发展、成熟、衰退等阶段，爆款也不例外。根据爆款的市场周期，可以大致将打造爆款的过程分为导入期、爆发期、成熟期、衰退期等阶段。

1. 导入期

在该阶段，店铺主要做好四件事：一是快速上新，即商家选款备货，拍摄图片制作详情页，以最快的速度将宝贝上架，同时做好标题拟写、上下架时间规划，要将产品的属性信息完整详细地写在详情页里，举例来说，如果爆款是一件衣服，就要写清楚面料成分、板型介绍等，尽可能便于买家了解产品；二是确定主推款，并在店铺明显位置予以更多展现，例如店招、首页海报等，通过全店宝贝给爆款集中导流量；三是为主推款新建直通车计划，快速引流，从而为迎接销售旺季做好准备；四是为新上架宝贝累计销量，普通款宝贝的销量要破零，努力综合提升店铺的整体权重。

2. 爆发期

该阶段主要是为主推款快速冲起销量，起码要达到类目爆款水平，同时加大广告投入，通过店铺促销活动逐步带动全店宝贝销量。关于快速提升宝贝销量，常见的有两种方式：一是将宝贝价格下调，使该宝贝具有超高的性价比，同时开通付费推广，比如使用钻展、直通车或淘宝客来推广，并最终根据目标销量来合理分配广告费；二是参加第三方活动，例如“折800”“会员购”等，目前来看，参与这些活动大多是亏钱参加，一旦确定了参与这些活动的产品价格，商家即可根据参与活动的产品数量来确定亏损额，这种做法的优点是损失固定、风险可控，缺点是累计销量对搜索权重没有积极的影响，不会计入搜索权重。

总的来说，在该阶段，商家要根据自己的实力权衡冲销量的方式与整体利弊，尤其是要选择自己能够接受的方式作为切入点。通常情况下，中小卖家一般会选择参加第三方活动的方式来累计销量，从而快速提升销量。

3. 成熟期

在冲销量阶段结束后，爆款销量已经累计，这时，商家的主要任务是维持爆款每天的销售量，优化店铺结构，通过关联搭配与搭配套餐的形式进行整体带动，带动完一批后及时更换其他宝贝，完成店铺利润款宝贝的销量累计。

一般情况下，当设置了几个搭配套餐后，过段时间与爆款进行搭配的宝贝都可累计出原始销量，通过搭配套餐的销售情况，可以找出比较容易热卖的宝贝，放在关联推荐中，过段时间将搭配套餐拆除即可，从而再根据实际需要进行其他形式的搭配。

4. 衰退期

随着时间的推移，以及市场周期性的波动，爆款会出现流量缩减、销量下滑，即销售旺季即将过去，此时，商家对爆款主要是尽力维持，并通过让利促销的方式带动其他宝贝销售，从而完成新品爆款的迭代更新。

可以说，该阶段的一个重要任务是从一个爆款的“消亡”到另一个爆款的“诞生”之间的衔接，如果衔接得好，店铺将会稳定运营，减少时间成本，否则可能造成店铺经营的异常波动，从而使店铺好不容易打造爆款的努力付诸东流。所以，商家往往要在爆款的衰退期到来之前就要积极布局，以应对市场的变化。

新品如何打造爆款

通常情况下，网店上新款后，如果不进行推广，新款就会无人问津，从而错过店铺的一次营销机会。所以，店铺上的新款不仅要推广，更要努力使新款营销成为爆款，从而借助店铺新款给店铺引入足够的流量。那么，网店新款应该如何打造爆款呢？

1．新款试用营销

店铺推出新品后，宣传推广很重要，从而可以积累一定的人气、销量与口碑，为爆款奠定坚实的基础。一般来说，一个爆款，不仅要求销量高，还要求转化率、收藏与分享，其中，好的评价、口碑对爆款的打造非常重要。为了烘托起新品的早期流量，店铺可以适当进行试用营销，用新款商品发布免费试用活动，赢得好的口碑。

店铺为新款进行试用营销，往往会考虑这样几个方面：一是快速积累店铺新款的人气，通常来说，新款刚推出时，最缺少的是人气，通过免费试用，可以最快地积累大量顾客的关注，给店铺新款带来大量的人气；二是提升店铺新款的收藏、分享，为打造爆款奠定基础；三是赢得大量的新款好评，在试用活动中，得到试用资格的顾客领取试用品，写出试用报告，一般来说，只要店铺商品质量过关，往往就能得到免费试用商品的顾客的好评；四是提升新款销量，最终帮助店铺树立良好口碑，为后期的爆款打造奠定销量及口碑基础。

2. 借助清仓吸引流量

一般来说，店铺上新品时，通常会伴随着清仓，而清仓本身也是引流的一种良好方式。因此，店铺可以趁着商品换季，同时做好店铺的营销，做好关联推荐，从而帮新品积累第二波口碑。举例来说，商家可以用加换购的方式促进新品成交，当然，这通常需要有一定技巧，具备一定优惠力度，才能最终吸引买家购买。

3. 做好店铺内的营销活动

店铺上新时，在吸引流量方面会做出一系列努力，同时，店铺也会遇到有流量没销量的问题。基于此，商家在做好新品上市的推广时，还要在店铺内部搞些活动，以促进流量转化。在这方面，商家要确认营销活动是否便于买家熟悉和接受，比如，网店常用的几种促销方式有“满就送”“满就减”“满就返”“抽奖”“秒杀”“加价购”，以及设置阶梯价格、客服销售等。店铺上新时，通过这些促销活动有助于增加新款曝光率，推动新款的销量。

4. 不断完善宝贝

在将新品打造为爆款的过程中，新品的价格、宝贝标题并不是一成不变的，商家如果看到一些数据指标有下滑现象，就要适当改进，确保数据指标重回正轨。可以说，宝贝完善的过程是一个持续的动态过程。当新品销量不断攀升，爆款真正做起来时，商家要密切关注库存，从而避免爆款断货。

总的来说，每个爆款都有从新品走来的过程，为此，店铺每推出一个新款就要用心做好每个新品，把每个新品当作潜在的爆款来对待，只有这样，才能让每个新品都能充分发挥出应有的市场潜力。

做爆款要先选款

对商家打造爆款而言，选择好适当的商品款式，是一个很重要的过程。因此，商家在打造爆款时，一定不要盲目地选择，要根据生意参谋等数据分析工具来分析数据，从而指导店铺的选款工作。具体来说，商家在选款时要注意以下方面。

1．判断清楚消费趋势

在选择商品款式时，最难之处可谓是判断消费趋势。一般来说，对消费趋势的判断，很大程度上需要商家长期培养与形成的行业观察力，同时，商家还要积极利用生意参谋等数据分析工具来判断未来的消费趋势。可以说，商家如果能够捕捉到未来的消费趋势，会对选款起到积极有效的作用。

2．爆款要“小而美”，贴近细分市场人群

通常情况下，那些能够满足消费者特定功能，定位清晰、性价比高、平易近人的款式最容易成为爆款，这一方面有利于产品的精准化营销，另一方面，消费者对平易近人的款式的心理抵触力也最小。

这里说的产品要“小而美”，主要是指产品要能够充分满足某个特定小众市场的需求，努力成为消费者在细分市场中同类产品的首选。为此，产品要在小众市场里具备鲜明的个性化，能够充分满足目标顾客的需求。举例来说，

商家选择了一款羽绒服，那么要考虑到羽绒服的多种颜色可选，多个尺码可选等，从而满足顾客的个性化需求。

3. 确定最小进货量

商家在选好款后，接下来要考虑进货数量。由于选款仅仅表明有成为爆款的潜质，所以还难以确定最终能否一定好卖。为此，商家要严格控制经营风险，根据经营预测，选择最小的进货量先进性试销，以试探其在市场里的受欢迎程度。

具体来说，以女装为例，商家可以先把试销服装放在新品区，看自然流量之下会产生怎样的销售数据。商家如果发现有特别好卖的款式，或者咨询量较多的款式，那基本上可以判断这个款式可以拿来好好打造下。在这种情况下，商家可以逐渐加大对该新品的宣传推广力度，引来更多的流量，将其向着爆款的方向努力，同时再适当增加进货量，以应对市场需求。

4. 谨慎对待厂家推荐的款式

一般情况下，每个店铺都会有合作的生产厂家，除了日常产品供应，厂家还会将设计、生产的新款产品向店铺推荐。那么，店铺应该如何对待厂家推荐的新品呢？通常来说，店铺要对厂家推荐的款式进行仔细甄别，要判断是真正的新品，还是厂家在刻意出售滞销库存。

通常来说，店铺需要获取厂家的相关销售数据，如果发现厂家推荐的款式存在销售不佳的情况，那么有可能这些推荐的款式是厂家的滞销库存，这时，店铺就要慎重考虑是否值得购入；如果发现厂家推荐的款式是尚未大批量生产而且没有销售数据，那么店铺可以结合消费趋势来看款式是否符合潮流，如果符合，就可以考虑着力将其打造成爆款的可能。

总之，商家在打造爆款时，一定要在选款上下足够的功夫，努力为消费者提供物美价廉的商品，从而收获相应的商业成功。

如何利用“双11”打造爆款

在淘宝天猫官方的大促销活动中，“双11”的知名度可谓很高，也是淘宝天猫平台上的商家们大卖特卖的重要时节。据统计，在2016年11月11日的“双11”，淘宝天猫在全天交易额就达到了1207.49亿元人民币，其中无线交易额占比82%，交易覆盖235个国家和地区。另外，在2016年的“双11”，淘宝天猫平台上当天共有94个品牌成交额过亿元，其中，优衣库在2分53秒内交易额破亿元，成为淘宝天猫平台2016年“双11”全品类第一个“亿元俱乐部”店铺。

可以说，淘宝天猫“双11”给整个零售业带来的冲击是巨大的，“双11”的一系列破纪录数字除了给人们带来热血沸腾的想象空间外，也给整个零售业带来了新的反思。

不少店铺借助“双11”成功地打造了若干爆款，赚到了不菲的利润，从而使店铺走上了良性发展的轨道。当然，也有店铺由于准备不当被“双11”中产生的大量订单“砸死”，比如几乎被投诉、退款和差评包围，直接导致店铺信用下降，甚至使店铺经营进入恶性循环。

那么，商家应该如何利用“双11”打造爆款，进而促进店铺的良好发展呢？

1. 做好需求定位

通常来说，不同店铺借助“双11”活动要达到的目标也不同，因此，各店铺在“双11”促销活动中设定的目标也不同。比如，有的店铺致力于在“双11”中打造爆款，有的店铺致力于培育老客户，有的致力于吸引新客户，有的致力于强化品牌影响力，有的致力于清仓甩卖等。

以打造爆款为例，店铺在“双11”大促销活动前需要对主推产品进行预热，力争将其打造为店铺的引流款或畅销款，在“双11”到来时再设置醒目、刺激购买的宣传标语和心动价格，并在“双11”中实时更新直播爆款商品的销售状态。

2. 做好店铺预热

一般来说，淘宝天猫平台上的中小卖家的品牌影响力没有大卖家的强，想要在“双11”中得到更多买家的关注，那么在“双11”前的预热就很重要。这个阶段的预热主要是扩大店铺宣传，加深店铺品牌影响力。预热方法往往有很多，比如采用试用营销，通过免费试用来吸引大量消费者对店铺的关注，通过让买家有亲身体验店铺产品的机会，让买家在试用过程中加深对店铺的印象及好感，店铺在此基础上再赠送优惠券、现金红包等，引导试用的买家参与到店铺“双11”活动中来。

试用营销既能帮助店铺获得大量曝光的机会，又能扩大店铺的品牌宣传，还能帮助宣传店铺参与“双11”活动的有关情况，从而为店铺参加“双11”做好必要的预热。

3. 吸引流量

流量可谓是店铺的生存之本，虽然在“双11”中，可能有很多流量进入淘宝天猫平台，但如何将这些流量转化为自己店铺内的流量则显得更现实和重要。一般情况下，在“双11”前，中小商家可以去关注一下大卖家的关键词是怎么设置的，借鉴和学习他们的优点，同时有针对性地做好店铺的引流款宝贝，当单个宝贝的流量到来时，再通过店铺的具体促销活动来拉动店铺整体流量。

4. 提高转化率

基于“双11”活动巨大的交易额，意味着“双11”活动导入淘宝天猫平台的流量是巨大的，从而使广大店铺比平时获得流量的机会显著增加。然而，即便获得同样的流量，两家店铺的成交单数也会有所不同，这种转化率的差别将会直接影响店铺的交易额。

那么，店铺怎样才能在“双11”中有效提高转化率呢？在此，为大家提供这样几个做法：一是做好产品图片，将图片细节放大，将数量精简，使图片大小整齐；二是精简产品说明，确保让买家一看就懂；三是积极营造促销氛围，比如采取“满就送”“打折”“包邮”“限时折扣”等，从而营造积极的促销氛围。

5. 增加客单价

在“双11”期间，卖家们几乎都是不仅想产品卖得多，还希望价钱卖得高，毕竟很多买家积攒了长时间的购买力，在“双11”这天充分释放，购买力往往是惊人的。对商家来说，可以将产品价格分为几个档次，第一档是高价位，第二档是中价位，第三档是低价位，然后再通过关联营销和搭配销售的方式让客户一次买得更多，从而增加客单价。

6. 做好产品质量检查

通常来说，“双11”促销活动往往伴随着程度不等的优惠活动，正是商家的一再让利，才在很大程度上推动了“双11”购物活动的火爆。基于此，不少商家在“双11”活动中是赚人气不赚钱的，尽管这样，商家不能因为成本问题而对店铺的产品偷工减料，甚至销售次品，这无异于自毁名誉。

因此，商家在“双11”活动中要严格把控店铺产品的质量，对商品质检不能松懈。可以说，若是由于产品质量问题，或是包装问题，或是发错货等因素都会影响买家的购物体验，从而让店铺得不偿失。所以，无论“双11”的成交量多大，商家都要用心对待好每个客户。

7．做好客服工作

在“双11”当天，进入店铺的流量一般会比日常多很多，这时候，店铺一定要做好客服工作，特别是中小卖家，由于不能像大卖家那样拥有强大的客服团队，因此更需要做好店铺客服营销工作，实际上，有不少顾客在下订单后，因为店铺客服工作不到位，从而使顾客又选择退货、退款，甚至给店铺进行差评等行为。

基于此，店铺可以采取这样的处理方法：一是动员公司所有员工展开客服培训，必要时全面动员迎接巨大流量；二是针对店铺有可能在“双11”期间会出现的问题准备客服话术，比如准备实用的快捷回复短语，从而在一定程度上整体提升客服质量，给客户提供优质的服务。

最后，在“双11”结束后，店铺通常还要做好其他一系列工作，比如异常订单处理、控制发货速度、把控后续流量、做好会员营销等。一般来说，“双11”期间的订单量很大，店铺在处理订单时一定要注重细节，尽量减少出现异常订单，必要时可以安排专人进行跟踪解决，从而避免影响店铺评分；店铺的发货速度要尽量快，尽量减少人为的漏发、错发。

通常情况下，在“双11”过后，店铺流量会明显下降，但还是比日常流量要大些，因此，店铺要努力留住这些流量，为此，“双11”期间的产品价格最好在三天后才恢复正常。在“双11”结束后，店铺要对数据进行建档，统计买家信息，并进行会员营销，从而促成店铺回头率，让“双11”积累下来的买家成为店铺的流量红利。

配合淘宝天猫官方活动打造爆款

淘宝和天猫除了“双11”这样的大型促销活动外，还有其他活动，比如，天猫的官方活动有腊八年货节、春装热销、夏季商品上新、年中大促、世界杯、夏季清仓、秋季上新、“双12”、瞄一眼等，淘宝的官方活动有淘金币、天天特价、品牌特卖、免费试用等促销活动，在手机端还有手机抢购、周末疯狂购、淘夜市等活动。

实际上，利用参加活动的时机来打造爆款是很多卖家惯用的做法，这是因为趁着活动宣传的资源，推广自己店铺的爆款潜力宝贝能够比较容易地打造爆款。一般来说，在每次报名活动之前，卖家要认真阅读活动规则，在活动中要按照规则来报名，如果不遵守规则，很可能会受到系统处罚，比如店铺和产品的权重被降低等。

一般来说，经营淘宝天猫网店，快速提升店铺人气和销量的有效办法，就是报名淘宝天猫官方举办的活动。当然，淘宝天猫上的有些活动是有一定报名门槛的，比如会对店铺级别、销量等因素进行限制。那么，淘宝天猫卖家在活动报名方面，应该抓住哪些要点呢？

1. 找准适当的活动平台再参加

据统计，淘宝天猫上有190个以上的活动平台，其中既包括大量的淘系

（包括淘宝、天猫、聚划算等）活动频道，也包括第三方活动品牌，商家在“玩”好这些活动平台前，要熟知这些活动平台。

通常情况下，报名淘宝天猫官方活动的效果是最好的，这是因为不管从可信度还是流量方面来说，淘宝天猫官方活动更为可靠。在具体操作时，卖家先进入活动平台找到所处行业的相关产品，然后点击进去查看销量，做好统计，看哪些产品销量较好，并且找出原因，接着估算自己的产品需要准备多少库存，以及做好参加活动的准备。

2. 要明确活动的具体要求

淘宝天猫上的每个活动都会有相应的要求，店铺在参加前要充分了解这些要求的注意事项，以及活动中各环节的提示内容，详细阅读活动规则，按照规则行事，这将有利于帮助卖家快速报名参与活动。同时，也将有利于商家有的放矢，了解清楚有哪些活动适合自己参加，从而避免浪费时间去报名。

3. 选好产品款式

在参加活动时，选好产品款式是一件非常重要的事情，可以说，款式选择好了，可以适当减轻活动后期的推广营销压力，否则，选不好款式，可能会使店铺最后白忙活一场。在这里，需要注意，店铺参加活动的本质不是突破零销量，而是为网店增加原有的销量。

为此，商家一般应该选择店铺内相对热卖的产品进行报名，从而以爆引爆，也就是说用爆款去支持店内其他产品的销售，通过关联营销来带动其他产品的销量。可见，商家在参加淘宝天猫官方活动时，选好产品款式是非常重要的。

4. 做好售前和售后总结

无论做什么事情，做好准备都是不可缺少的。为此，店铺在参加活动前，甚至在宝贝上线前，就要把标题、详情页、关联营销、搭配套餐、推荐产品等都细节问题都处理好，从而减少买家的顾虑和客服的压力。

在活动结束后，店铺的售后工作也是很有必要的。举例来说，不少卖家会采取活动抽奖的形式来感谢买家的支持，以更好地维系老客户，要知道，留住一个老客户要比找到一个新客户简单得多，不仅成本要小很多，效果也要好很多。因此，店铺做好售后总结，不仅能够找出活动中存在的问题，发现不足的方面，更重要的是能为下一次活动积累必要的经验。

店铺打造爆款的经营思路

淘宝天猫上的店铺在“玩”法方面可谓丰富多彩，比如有代购模式风格搭配、爆款思路等，还有玩自媒体借助微博微信来培养粉丝，靠情怀来销售。其中，最常见的玩法有两种：一种是单一产品爆款，这是大多数店铺常用的思路；另一种是走品牌化，靠产品多样化经营的路线，即“多款式”路线。

举例来说，一个主做高端羽绒服类目的店铺，经营的宝贝数量较少，但是产品款式却很有风格，平均客单价在1600元左右，店铺宝贝的最低价是600元，产品的质量做工上乘。假定店铺内一件价格1000元的衣服，毛利率在40%，即毛利润为400元，这种情况下，若店铺开通付费推广，做好店铺优化，将产品打造为爆款，那么只要保证平均每件产品的销售成本低于400元就可以实现盈利，而且可以大量复制，如果每天能够卖出去几十单，就意味着每月营业额就可以比较轻松地达到100万元。

那么，店铺如何才能保证平均每件产品的销售成本低于毛利润呢？假如每件产品的广告成本是200元，这200元花费不仅仅包括了直通车流量，还包含了自然流量，是店铺总花费下产生的交易订单。如果店铺花费2000元做付费推广，产生了10笔订单，流量包括直通车流量和自然流量，现阶段采用直通车推广，而且测试发现开通直通车与不开直通车导致自然流量变化较为明显，可以分析出当前形势下，开通直通车比较适宜。

假如商家在产品方面具备一定优势，也有一定的资金实力，那么在打造爆款的前期可以开通直通车来打造爆款，尽管前期需要支出一定推广费用，但是只要逐渐积累起客户，就会发现越做越轻松，从而形成良性循环。

实际上，采用直通车打造爆款，一般被认为是店铺经营的不二法则，然而随着市场竞争加剧，顾客消费观念的转变，使得常规方式打造爆款日益暴露出一定弊端。比如说，爆款通常在售价上具有一定竞争力，即售价较低，这使店铺的客单价会偏低，盈利空间较小；再者，爆款对款式要求较高，一旦选错款式，势必造成库房积压，使资金周转困难，严重时可能会将店铺拖垮。

针对上述情况，不少商家开始采用另一种经营方式，即不再刻意打造某一爆款，而是通过推广多个宝贝，利用款式多样化来吸引买家，这种方式叫多款式思路。这种思路的运营方式一般以产品为核心，同时要求整个团队组织结构相对完善，使运营、推广、设计、客服、物流等部门通过周密配合协同作战。

以服装类产品为例，多款式路线在经营中尤其要注重产品质量，以免由于产品质量问题而影响整体声誉。目前，即便是各类目TOP级别的卖家，也很少有自有工厂，大多是与工厂代加工的合作方式，商家主要负责产品设计、选款、采购面料、向工厂下单等，在整个环节中，工厂只负责加工生产，商家会派专人去跟踪产品质量，在产品生产结束后，在发货前要对产品进行质检，确保产品质量无误后，将产品运送至商家的库房。

一般来说，多款式下的产品结构，主要有三大特点：一是市场反应快速，由于款式较多，市场销售周期又比较固定，会使商家无法在单款商品上消耗大量时间，因此，无论是款式设计、样板制作、款式筛选、下单生产等都要快速完成，从而紧跟销售周期；二是产品线丰富，款式多，多款式经营主要靠款式丰富来吸引消费者，只有足够多的款式，才会供消费者选择，为此，有的店铺宝贝数量会高达成百上千件；三是量少，由于产品款式多，使商家在给工厂下订单时，不可能订太多，从而在一定程度上可以规避库存风险，同时，款式太多，会使单款产品的销量也不会太高，店铺往往以整体销量来取胜。

比较来说，多款式经营思路是对单品爆款的一种有益补充，两者并非截然分开，而是在实际经营中彼此融合的。比如，爆款经营思路容易给店铺引来大量流量，此时，店铺若做好关联营销，便可以充分利用爆款导入的流量实现其他产品的销售；同时，店铺若采取多款式经营，若没有几款足以吸引顾客眼球的产品，那么就会不利于为店铺引来流量，如果产品没有在顾客面前曝光的机会，又怎能谈得上销售出去呢？所以，在实际经营中，爆款与多款式的交叉、融合运用，往往是商家常用的经营思路。

打造爆款中的常见误区

俗话说“蛇无头不行，鸟无头不飞”，一个店铺假如经营多款式的商品，如果没有一款或几款令顾客广为熟知的爆款，就不利于提高店铺的知名度，也不利于店铺的整体经营。当然，这种说法是建立在爆款带动全店经营的基础上，如果爆款只是一个孤立的爆款，在关联营销方面几乎无法带动其他产品，那么“孤木不成林”，店铺在整体经营效益方面还是要大打折扣的。

实际上，打造爆款的过程，往往是店铺举全店之力引爆市场的尝试和努力，毕竟店铺要为之投入大量的资源，所以，店铺要争取提高爆款经营的成功率，尽可能减少爆款运作失败的概率。为此，要充分认识与了解打造爆款中的几个误区，从而避免去犯一些不该犯的错误。

1. 盲目跟风对吗

在实际经营中，不少卖家看到淘宝天猫上哪款宝贝在热卖，就会选择同款式的商品去做爆款，认为可以从热卖的商品中“分一杯羹”。其实，这往往是一个误区，“成交量”是具有较强滞后性的，在产品的生命周期中，成交量高可能意味着宝贝正处在生命周期中的“成熟期”，虽然当下销售火爆，但可能意味着这款宝贝在不久后将进入“衰退期”。因此，如果店铺盲目跟风，看到哪款产品热卖、成交量高，就赶紧打造相同或相似类型的“爆款”，由于这期间需要一段时间，可能使店铺的努力最终赶上产品“衰退期”，结果只能白忙一场。

基于此，店铺更应该关注搜索排行榜，这可以直观地反映出广大顾客正打算购买的产品。店铺在打造爆款时，搜索排行榜会有一定前瞻性，如果一个宝贝在搜索排行榜中可以排到前几名，那么这款宝贝很有可能成为爆款。在这方面，卖家可以参考淘宝指数中的搜索排行榜数据。

2. 爆款是否需要爆店

长期以来，产品销量与评价率对搜索结果的影响权重依旧很大，甚至在很大程度上影响转化率；后来，上下架时间和个性化搜索条件等权重的影响逐渐加大，这使卖家喜欢将全部营销资源集中在少数爆款上的做法不再是最佳模式，店铺更需要充分借助爆款的力量，引爆整个店铺，使店铺的多个产品在销量方面取得不错的成绩。

具体来说，店铺应该适当分散营销资源，使店内多种商品在销量方面趋于活跃，避免将全部资源集中在极少数的爆款上，这也被称为是“多个小爆款”战略。应该说，店铺内若能成功地打造出多个“小爆款”，即便市场周期趋于调整，有些商品可能进入销售淡季，那么其他爆款可以适当规避这种损失，从而有利于店铺经营良好的稳健性。

3. 标题优化一次就行了吗

有些卖家在拟定产品标题后，认为一劳永逸了，因而几乎没有再后续进行优化，这种做法是欠妥的。现在，商家可以通过生意参谋等工具来检测出标题中每个分词的日均流量和直通车转化效率，从中可以发现低效分词予以替换。对那些大流量的重点产品，尤其是爆款，更是值得为一个个分词去追究效率的，这是因为，店铺内超级热卖的宝贝往往不会很多，这些超级热卖的宝贝即便流量增加10%，对店铺的影响也是很大的。

因此，商家在对爆款产品的标题进行优化后，还要持续密切地关注市场上关键词的变化，从而根据市场需要对标题进行持续优化，守住流量的制高点。

4. 产品搜索展现后就一定有点击吗

在淘宝天猫输入栏中输入关键词时，对搜索结果页中排名靠前的商品，顾客一般会从中选择一款或者为数不多的几款予以点击浏览，其他很多宝贝即便排名靠前，顾客也可能不会去点击。这些产品就属于有展现，却没有点击，不能形成流量，销量更是无从谈起。

可以说，没有展现就没有点击，没有点击就没有流量，没有流量就没有转化，没有转化就没有销量，没有销量，其他的一切努力都将变得没有意义。其中，如何提高产品的搜索点击率，可谓是每个卖家都需要解决的问题。

一般来说，在搜索结果页的展示位，宝贝表现出的信息有主图、价格、标题、店铺名称、成交量、评价量、旺旺在线情况等。其中，有些对价格敏感的顾客，可能会根据宝贝展示出的价格信息选择是否点击；有些对宝贝视觉图片敏感的顾客可能会根据图片效果选择是否点击；有些对目标产品特性比较在意的顾客可能会根据标题描述情况决定是否进行点击；还有重视成交量、评价量等因素的顾客，可能会选择自己看中的因素进行点击。

为此，商家一定要在宝贝展示出的有限信息中，紧密分析目标顾客需求特征，突出产品的实用性和创意性，比如可以在宝贝主图与标题等因素中透露出特价促销、限时折扣、包邮送险、材质品牌、收藏销量等实用性信息，也可以有全网独家、产地制造、原创设计、款式特点等创意性信息，使宝贝在搜索结果页中显得与众不同，从而引起顾客的高度注意，并获得较高的点击率。

5. 做了付费推广就一定有销量吗

店铺采取钻石展位、直通车、淘宝客等付费推广后，或许可以为店铺带来显著的流量，但是若要在销量方面有显著改进，仅靠付费推广是不够的。这是因为，店铺若没有强硬的内功做支撑，即使把顾客吸引到了店铺，如果顾客在店铺内找不到感兴趣或者是有买点的商品，最终可能会两手空空地离开店铺，没有产生任何成交。

基于此，店铺不仅要完善宝贝详情页面，给予顾客良好的购物体验，那些爆款产品更应有好的产品描述，可以说，对产品进行得体的介绍，发挥想象力，使产品展现形式多样化，比如除了常规的产品图片展示、文字描述外，还可以考虑视频介绍等，从而让爆款的卖点和买点展现得淋漓尽致，深深地打动顾客购买的决心。

最后，在消费行为学中，群体往往有着从众心理，相对于自卖自夸的广告语，消费者更愿意相信群体的判断和口碑。如果商品本身质量过硬、性价比高，能满足消费者对商品的期望值，那么该宝贝就会进入“销售—关注—更多销售”的良性循环。通常来讲，在淘宝天猫平台，消费者从形成需求到最终成交，会经历五个步骤，即“搜索—评估—决策—购买—评价”，也就是说，消费者会基于自身需求在淘宝天猫上搜索相应关键词，寻找那些能满足自身需求且感兴趣的商品，接着在搜索结果页收集产品信息，评估该产品是否满足自己的需求，然后衡量该产品所带来的益处和需要花费的成本，判断是否购买，如果判断值得购买，消费者会下单购买，接下来根据使用体验进行再次评估，评估结果将影响下次的购买行为。

在网购环境下，能支撑顾客做出消费决策的信息比较有限，主要是图片、文字、视频等介绍，比较而言，由于受到从众心理影响，宝贝的成交量和评价会在很大程度上对买家在整个购物过程中的“评估”和“决策”两个阶段产生正面影响，进而促成购买行为。

尽管在没有任何外力的情况下，具有爆款潜质的宝贝也会在市场的自然优胜劣汰中浮出水面，但是仅仅靠市场的自然力量去培育出一个爆款雏形需要的周期往往较长，而且可能会存在抄袭模仿，因此，打造爆款更需要商家的推广力量来实现，从而打造出“越卖越好卖”的产品。同时，这种“越卖越好卖”的产品也会受到淘宝天猫平台的青睐，从而在展现与流量获取方面得到更多的机会，进而在很大程度上推动整个店铺的协调发展。

第九章
维护口碑，打造网店品牌

进行淘宝天猫SEO的时候，还要具备品牌意识，用心经营好店铺，呵护好口碑，尽可能避免差评，努力获得买家的好评，从而把店铺打造成淘宝天猫平台上的“常青树”和明星店铺，从而将买家的“模糊化”搜索转变为“精准化”搜索。

一个差评让他失去250个客户

美国著名推销员乔·吉拉德在长期商战中总结出了“250定律”，他认为在每一位顾客的身后，大约有250名亲朋好友，如果你赢得了一位顾客的好感，就意味着赢得了250个人的好感；反之，如果你得罪了一名顾客，也就意味着得罪了250名顾客。

可以说，“250定律”在传统营销中被奉为经典，激励商家认真对待身边的每个人，因为每个人的身后都有一个相对稳定、数量不小的群体，善待一个人，就像点亮一盏灯，照亮一大片。

那么，“250定律”是否适用于现在蓬勃发展的网店经营呢？答案是肯定的。从某种程度上来说，借助互联网的力量，“250定律”在淘宝天猫网店经营中所发挥的影响力甚至更大。举例来说，顾客在逛某个淘宝天猫店铺时，总会用心查看店铺的服务评分，以及相应宝贝的评价。如果宝贝的好评很多，严重的差评几乎没有，这在很大程度上可以坚定顾客做出购买决策的信心；相反，如果顾客看到了别人对商品的差评，将会直接影响顾客对店铺和商品的看法，甚至对店铺和商品取消收藏、取消购买。

作为商家来说，好不容易将流量引入店铺，肯定不会希望看到差评让前来光顾的顾客打退堂鼓。实际上，差评对网店的影响，甚至超过线下实体店。这是因为，线下实体店受到某个或某些顾客的差评，那么其他顾客可能不知晓；

但在网店中，只要顾客给了差评，以后再来光顾店铺的任何顾客都可以看到这些差评。

一般来说，买卖双方之间存在着一种微妙的对立关系，买家购物往往希望省钱，买到物美价廉的商品，卖家若让买家省了钱，则要减少相应的利润。从这种利益对立的角度出发，买家对卖家的宣传和介绍通常会在脑海里打几个问号。

比较而言，同样作为买家，如果对某家店铺的商品和服务做出差评，就会让其他买家产生一种“同病相怜”的感觉，会认为给出差评的买家的遭遇很可能会降临在自己身上，这就在很大程度上动摇了买家的购买信心。

可见，在网店经营中，一定不要小看差评的负面作用，要对差评用心进行处理，这不仅有利于缓和同差评买家的关系，还有利于让其他买家看到店铺是负责任的，虽然还没有把服务做到令顾客百分百满意，但是对顾客的意见是非常重视的，这样可以在一定程度上消除差评对买家的负面影响。

我们知道在淘宝天猫平台上，店铺数量多得数不胜数，那么商家如何才能在海量的店铺中脱颖而出呢？做出口碑，形成品牌是有效而可行的办法。其实，口碑和品牌本身就是无形的资产，试想，若顾客头脑中尚没有形成品牌概念，那么顾客在淘宝天猫中搜索，往往是“海搜”，即海量地搜索，然后从中判断应该选择哪个店铺与商品。在这个过程中，商家为了能让自己排名靠前，以及吸引用户点击，会做出大量的SEO努力。

相反，如果顾客头脑中已经形成某个品牌的概念，就会有比较清晰的购物思路。比如，顾客想要在海尔官方天猫店中买冰箱，在联想官方天猫店中买笔记本电脑，在小米官方天猫店中购买手机等，那么顾客就可以在淘宝天猫搜索栏中直接输入品牌名称，从而精准化地定位到这些品牌店铺。这样，既能省去顾客搜索选择时的时间，又能在一定程度上减轻店铺推广自己的压力。

实际上，在店铺经营中努力规避差评，积极营造好评环境，用心处理差评，这在很大程度上能维护店铺良好的口碑，良好的口碑又有利于形成受顾客欢迎的品牌，让顾客一提到某个品牌就在头脑中产生良好的印象，并成为顾客购物的首选。

因此，对差评的处理得当与否，将决定店铺是否会失去更多的客户，或者在某种程度上能否树立负责任、用心经营的形象。这样，久而久之会对口碑的形成产生重要影响，进而影响店铺的品牌知名度，甚至影响店铺未来的发展。

病毒式营销与口碑营销

经营淘宝天猫店铺的商家，往往对一系列网络营销的方式并不陌生，毕竟自己就是做的网上生意。其中，病毒式营销是网络营销中的一种重要方式，是指利用公众的积极性和人际网络，让营销信息像病毒一样传播和扩散，营销信息被快速复制传向数以万计、百万计的受众，从而使其能够深入人脑，快速复制，广泛传播，将信息在短时间内传向更多的受众。病毒式营销常用于进行品牌推广等活动。

此外，我们还常听说口碑营销，那么，病毒式营销与口碑营销有什么异同呢？

病毒式营销与口碑营销的相似点有：都是利用人的积极性进行主动传播，这需要传播内容要有趣；分享过程是真心的，广告痕迹比较淡；利用人际网络进行传播；内容幽默有趣，让人们愿意传播分享；传播方式多样化，线上线下都有；传播者通常会对传播内容进行简单包装，比如进行简要介绍等；传播渠道一般以互联网为主。

病毒式营销与口碑营销的不同点有：从传播动机和观点来看，病毒式营销是基于有趣而进行的主动传播，比如传播者看到了一个有趣的图片，或者是有趣的故事就进行分享与传播，传播者一般不对传播内容负责，只是觉得有趣才传播，口碑营销则是基于信任才进行的主动传播，传播内容一般也都是传播者了解与认可的，相当于对传播内容负责；从传播效果来看，病毒式营销满足的是知名度，通过较高的曝光度达成广泛认知，并不代表认可，而口碑营销满足的则是美誉度，通过推荐与现身说法达到信任与认可。

可见，病毒式营销与口碑营销在具体概念上存有一些区别。然而，在实际中，两者又是紧密联系的，因为病毒式营销传播的有趣故事往往会在传播过程中引起人们的思考，从而融合进鲜明的认可与否的态度，达到口碑营销的目的。比如，海底捞火锅就是典型的例子，它通过一系列在微博等自媒体上讲述顾客在海底捞就餐的故事，树立了海底捞良好服务的形象，并形成广泛传播的口碑，实现了病毒式营销向口碑传播的转化，最终使海底捞成为一个优秀的餐饮品牌。

相对来说，网上商家在利用病毒式营销方面也有很大的潜力。在线下，顾客听说商家的事迹后，往往需要去亲身体验一下，付出的时间成本会较多些；如果网店的事迹通过互联网的传播被顾客听说后，顾客只需要用鼠标轻轻地点击一下链接，就可以访问到卖家的店铺，假如商家的口碑传播做得比较到位，能够有效激励顾客在店铺里购买的兴趣，同时店铺里存在价格不是很高的商品，就可以有效避免顾客初次购买承担较高价格的压力，就很有可能通过口碑传播实现成交，当顾客有良好的购物体验后，通常会在后期加大购买金额。

举例来说，商家可以通过一系列互联网宣传平台和渠道，讲述自己服务顾客过程中的一些小故事。通常来说，故事篇幅不宜过长，事件情节要具有一定的吸引力，整个故事要短小精悍，从而有利于事件的快速传播。这些小故事可以是顾客自己描述，也可以是店铺来书写服务顾客的规则等，从而透露出店铺的用心经营和规范经营。当这些小故事在互联网上被人们不断地分享和传播后，无形中相当于店铺的口碑得以有效传播。由此可以看出，商家进行的病毒式营销，实际上相当于一种口碑传播，借助互联网的力量推动口碑进行更广度和深度的传播，从而达到促进店铺经营的目的。

在现实经营中，如果商家有效利用了病毒式营销，往往会大大提升淘宝天猫店铺的流量，而且，病毒式营销带来的流量通常是持久、稳定的。一般来说，商家常用的病毒式营销方法有：图片病毒式营销，比如，商家可以设计和制作出一个举着牌子的小卡通人物，牌子上写上网店名称和网址，然后在QQ、微信群里聊天时，把这样的图片发到群里，以一种生动有趣的方式推广店铺；通常情况下，逢年过节时，QQ、微信群里总会有祝福类的信息，这时商家也可以把店铺名称和网址添加到有创意的祝福类信息中，然后发到群里，如果祝福类信息写得比较好，能够引起大家的共鸣，群里其他人一般也会协助转发，这自然有利于增加店铺流量；对一些公益类的信息，如寻人启事、帮助灾区儿童等，商家可以在里面加入自己店铺的链接，必要时承诺会将一部分利润拿出来从事公益活动，这也有利于优化店铺的形象；如果商家有博客、QQ空间，那么可以在里面转载一篇十分受欢迎的文章，在文章里顺便加上自己店铺的链接，这样的话，如果其他人读了这篇受欢迎的文章，点击里面的链接，或者再次转载，都会给店铺带来一定的流量。当然，店铺链接中的图片或文章要给人传达一种美的意境，这样才有利于别人把那种美的意识转移到你的店铺，从而对店铺产生好感。

总之，病毒式营销有利于商家充分运用互联网的力量促进口碑传播，扩大店铺的知名度，从而在一定程度上增加店铺的优质流量。

SEO是手段，做出口碑是关键

一般来说，通过淘宝天猫SEO，主要是为了让店铺和产品在搜索结果中有更好的排名和展现机会，从而为店铺带来流量。实际上，商家更希望顾客通过搜索找到店铺时，能够成为店铺的老顾客，从而在下次有相关购物需求时可以直接进入店铺。可以说，店铺要想长时间留住顾客，与店铺的综合服务质量和口碑紧密相关。

在线下实体店里，如果一个店铺的顾客几乎都是新顾客，没有老顾客，这对店铺的健康运营是不利的。这是因为，我们说顾客是店铺的资产，更大程度上是对能够转化为店铺的老顾客而言的。如果一个店铺拥有一定数量的老顾客，意味着有很多人潜移默化地在帮你宣传和推广店铺，从而可以节省很多推广费用。

基于此，在经营淘宝天猫店铺时，做好SEO固然是重要的，但是立意要高于单纯的SEO，通过SEO，更多的是为了能够接触到顾客，让顾客能够有机会体验服务和产品，然后以此为契机，给顾客留下美好的购物体验，让顾客能够收藏店铺、商品，愿意分享自己的愉悦的购物经历，而且愿意以后继续前来购买。应该说，做SEO如果能够做到这种程度，才谈得上是成功。

尽管口碑对店铺经营起着非常重要的作用，很多店铺也都想打造良好的口碑，可是实际上，口碑的传播速度往往比较缓慢。据心理学家总结，家庭与朋友的影响、消费者直接的使用经验、大众媒介，以及企业的市场营销活动共同构成营销消费者态度的四大因素。

这四大因素直接制约了口碑传播的效率。另外，由于口碑传播需要人与人之间的口耳相传或者文字传播，通常会使口碑传播的效力逐级递减，扩散范围也往往受到地域和社交范围的影响而难以深度传播。同时，在口碑传播的过程中，还容易造成传播的走样，甚至沦为“以讹传讹”。

基于此，尽管很多商家重视口碑传播的作用，可是在具体实施中还是有些顾虑，担心传播不当反倒形成负面影响。在这方面，建议商家选择有针对性的社交圈进行传播。一般情况下，社交圈的关系越强，传播的到达率和转化率就越高。

举例来说，一个朋友在朋友圈中说新居刚装修好，在购买家具时不知该选择什么样的家具，不知道究竟是实木家具合适，还是板材组装的家具合适。我根据自己以前购买家具的体会，给她推荐了一个品牌；在微信聊天中，她反复询问该品牌和其他品牌之间的差别，我便将自己的使用体验告诉了她。不久，在这位朋友的新居中，我看到了她的最终选择，基本上和我的推荐一致。

通过上面的例子可以看出，朋友之间的口碑传播有着很大的效果。其实，在日常生活中，人们从朋友圈中获得有益资讯并最终为自己的选择提供依据的情况屡见不鲜，其中一个重要因素是，口碑传播在很大程度上缺少功利性因素，是出于朋友的建议，较之传统的营销推广更便于顾客接受。所以，口碑传播更偏重于从消费者到消费者的扩散式传播。

在淘宝天猫中购物时会遇到商家告知购物的顾客做出好评可以返现的情况，这在某种程度上就是利用顾客之间的口碑传播。所以，商家在通过SEO将顾客引入店铺时，一定要努力留下顾客有益的评价，扎扎实实地给顾客提供卓越的购物体验，让顾客乐意、愿意把你的店铺介绍给自己的朋友，应该说这才是店铺优化经营、永续经营的关键所在。

客户为什么关注你的店铺和产品

淘宝天猫上的店铺数量非常多，商品更是琳琅满目，那么，商家应该怎样做才能让自己的店铺和产品脱颖而出，引起客户的关注，进而形成品牌呢？我们姑且把这个问题剖析为两部分：一是客户为什么关注你的店铺，二是客户为什么关注你的产品。

1. 客户为什么关注你的店铺

关于这个问题，主要有如下因素：

（1）你能够为客户解决问题。

在分析客户的需求时，要具备透过现象看本质的本领。比如，客户选择在你这里购买，是为了解决哪些问题？有些卖家总爱围绕客户购买的产品分析问题，其实还不够全面和深入，应该围绕客户需要解决的问题来分析。

为此，不妨思考一下：客户向你购买，是出于什么原因，真正的原因是什么？你帮助客户解决了哪些问题？当你把这些问题想清楚时，请把它们做成宣传文案，这样的话，客户一看到就容易产生共鸣，进而唤醒客户沉睡的需求。因此，要给客户想要的，不要给自己主观以为与想给的。

（2）你很真诚。

虽然在网购中买卖双方彼此看不见，但实际上，买卖双方仍在悄无声息地进行一场心理博弈。比如，卖家美化产品图片，让产品文案具有一定的煽动力，吸引顾客下单购买，而顾客则认真浏览产品详情以及其他买家的评价，试图揭开卖家的“庐山真面目”，看是否应该在这个卖家的店铺里购买。

其中，真诚可谓是卖家的第一张也是最后一张底牌。一切情感信任的建立都来自真诚，人们不会选择没有安全感的人进行购买，因此，如果客户认为你在产品描述中前后不一，或者受到一些差评的影响，认为你缺乏真诚，就会对店铺失去信任，并离去。

（3）你能够帮助客户实现梦想。

实际上，每个人的心里都会有一个梦想。客户选择购买往往是为了解决某个问题， 如果这个问题得以妥善解决，就意味着客户的一个痛点得以消除，从而使客户暂时进入一种梦想实现的佳境里。

举例来说，客户由于平时交通不便，迫切需要购买一辆汽车，从而改善自己的交通状况。然而，客户的经济并不宽裕，这时，如果你能帮助客户用适当的费用和支付方式实现自己的汽车梦，那么客户无疑会对你的店铺产生兴趣。所以，要努力培养自己帮助客户实现梦想的本领。

（4）你能够让客户感觉占了大便宜。

一般来说，顾客在交易中都喜欢精打细算，这可谓是人的本能，实际上，顾客在做出购买决策时，往往也是自我说服“占了些便宜”的后果。比如，客户在购买某款产品时，对比了多个电商平台，最终发现同样的产品，淘宝天猫平台上的一家店铺便宜一些，而且过期不候，这时，在规定时间内购买就会让客户觉得自己“占了些便宜”，从而有利于客户做出购买决策。

可以说，主要出于上述四个原因，你的店铺会让客户产生兴趣，并加以关注。

2. 客户为什么关注你的产品

客户之所以关注你的产品，通常是基于下述几个因素：

（1）产品效果。

客户关注某款产品，根本原因往往是产品效果能够解决客户相应问题的程度。比如，顾客关注某款服装产品，往往是基于穿上这件服装后要达到的预期效果的实现程度，以及产品自身的材质如何等，从而确保产品在使用之后能够达到预期效果。

（2）可信度。

通常来说，顾客在购买产品时，会对产品和店铺预先有一个认知，并基于这个认知形成一定的信任度。举例来说，同样的产品，不同的商家和店铺，由于顾客对其信任度不同，最终做出的购买决策也会不同。所以，客户关注你的产品，除了与产品的效果有关，还与店铺打造的诚信度有关。

（3）价格。

一般来说，人们在购买产品时，往往会有价格预算，从而决定购买什么价格区间的产品。在确定好价格区间后，顾客就会找在这个价格区间上下浮动的产品，再通过对比，找出性价比最高的产品。因此，商家要保证自己的产品在同类产品中具有一定的价格竞争力。如果不便于降价，可以考虑适当赠送些配件、附件，从而在基本不影响经营成本的情况下，让自己的“整体价格”更有吸引力。

（4）方便性。

这主要是指顾客购买产品时的便捷程度。比如，顾客在购买产品时，希望商家能够提供多种支付方式，从而使顾客可以方便地支付。否则，一旦顾客心仪的支付方式受阻，就会影响顾客购买时的方便程度，甚至会使顾客打消购买决策。

（5）服务。

有不少产品在售出后需要一定的售后服务，比如电脑、手机等产品，这时，那些可以提供完善售后服务的产品显然更容易引起顾客的关注。在很多时候，顾客甚至愿意为更加完善的售后服务埋单。

最后，当知道顾客为什么关注一些店铺与产品时，商家要做的是持续改进自己的店铺与产品，从而赢得更多买家的关注，并持续提高店铺的销量。

善于给顾客创造惊喜

通常来说，一个诚实守信的人，才能更好地在社会中立足与发展。同样，作为一个品牌，更要做到言行合一，至少不能言过其实，否则就会难以拥有客户的忠诚，甚至会给品牌带来灭顶之灾。可以说，品牌失信的代价是沉重的。

尽管如此，不少店铺为了吸引客户的关注，还是比较喜欢给客户制造一些惊喜的，对此，店铺的承诺一定要量力而行。实实在在地提高客户的满意度，客户对此的回报往往是继续购买商品，商家则是持续地为顾客创造惊喜，进而一步步形成顾客对品牌的忠诚度。当然，商家在为顾客创造惊喜时，要把握一定的度，以免让顾客失望。在这方面，主要为大家提供三条建议以供参考。

1. 承诺保障

一般情况下，顾客在购买某款商品前，往往要参考商家对该商品的综合承诺，比如“七天无理由退换货”“货到付款”“包邮”等，这些承诺对商家和顾客都很重要，因此商家要慎重承诺。通常情况下，商家要从提供问题解决方案的角度来思考品牌的宣传与承诺，从顾客的角度反推对产品的需求，从而实现与顾客需求的精准对接，在很大程度上避免承诺失当。

此外，品牌承诺不仅表现在宣传文案中，还包括品牌与消费者之间的两个接触点，即物理属性的产品接触点及顾客情感体验的综合接触点。如果商家在这两个方面处理不当，就可能让顾客失望。其中，顾客情感体验的综合接触点非常广泛，甚至某些细节问题都可能对顾客产生重大影响。

举例来说，有些店铺在宣传文案上虽然声称“以客户为中心”，但是在真正接触客户时，对自己做出的承诺，如符合规则返现但并未落实，在客户提出相应诉求时又不够重视，这都会影响顾客的满意度。

2. 差异化承诺

一般来说，承诺过度却兑现不了会让顾客失望，承诺不足又不利于提升品牌竞争力，基于此，不少商家采取的办法是承诺的比竞争对手多一些，实际上做的再比承诺多一些。然而，这种方法通常适用于一些实力雄厚的大品牌，对中小品牌而言，过多的承诺意味着需要付出更多的成本，从而在无形中增加店铺经营的压力。

对此，商家可以考虑采取差异化承诺的方式，也就是说，跳出承诺的惯有套路，以一种新颖而又能够吸引客户兴趣的方式来做出差异化承诺，从而使承诺具有一定创意，这样既可以避免同其他竞争对手正面竞争，还可以有效规避资源不足的劣势，化被动为主动。比如，当不少店铺选择只要顾客在购买产品后予以评价就返现后，是否可以考虑给顾客赠送一些实用的小礼品？其实，这些方法，商家在实际工作中都可以不断地揣摩并加以尝试。

另外，商家的承诺贵在落实，只有这样，才能把承诺初给顾客带来的吸引力转化为给顾客带来的满意与惊喜。

3. 制造惊喜

我们在前面讲述的亮点主要是给顾客做出承诺，以及兑现承诺，从而使顾客满意，接下来介绍的是品牌胜出的关键，即在顾客满意的基础上再为顾客创造惊喜。一般情况下，这种创造惊喜的方式有很多，既有物理层面的，又有情感层面的，比如给顾客赠送一些赠品，价格再便宜一点，或者是给顾客提供预期之外的消费体验等。

实际上，这种惊喜往往不需要商家付出太多的代价，只要超出顾客的期望一点点就可能让顾客兴奋至极，甚至为之感动。在实际工作中，商家单纯地让出一些价格为顾客带来的惊喜程度，远不及为商品增加综合价值所给顾客带来的惊喜更有效。比如，商家可以告诉顾客商品存在的其他功效或功能，或是额外给顾客赠送个小礼物等。

另外，由于顾客已经通过商家对产品的承诺与价格之间找到了认可后的平衡，此时再增加商品的价值就意味着让顾客“赚到了”，相对来说，如果此时再降低价格，可能会降低商品在顾客心中的价值，反倒打破顾客心中原有的平衡。

再者，商家为顾客创造出一个惊喜，往往只能让顾客欢喜一会儿，对品牌的正面印象加深一点，而要让顾客持续惊喜，并最终转化为对品牌的忠诚，就要不断地为顾客创造惊喜。在创造方式上，商家可以根据所处行业的不同特点来因地制宜地操作。其中，关键在于商家要站在顾客的角度，换位思考，要带着创意为顾客创造惊喜，从而感动顾客。

最后，淘宝天猫上虽然店铺众多，但是不同店铺的品牌美誉度最终会让那些优秀的店铺脱颖而出，这与店铺持续地为顾客创造惊喜是分不开的。在良好的品牌美誉度下，有利于聚集大量高中程度的顾客群体，从而使品牌迅速发展壮大。因此，商家要每天问自己一个问题，那就是：我今天为顾客创造惊喜了吗？

做网店更要懂消费者心理学

做生意往往是买卖双方心理博弈的过程，在这其中，任何影响用户心理的因素都可能会影响用户最后的购买决策。为此，作为卖方，通常要了解消费者心里在想些什么。做网店也是做生意，因此同样要研究消费者心理。下面就介绍一下消费者心理学中常见的十种消费者心理。

1. 从众心理

两家饭店，一家人满为患非常热闹，另一家冷冷清清，鲜有人问津，越是人气旺的饭店越容易有人光顾，越是冷清的饭店光顾的人越少。在网购中与此相似。举例来说，两个店铺里卖着同样的商品，一家店铺里积累了很多销量，另一家店铺似乎卖不动，成交量只有极少的几单，甚至还没有破零，这时，产品销量多的店铺更容易激发顾客的购买兴趣。实际上，很多店铺想要做爆款，在某种程度上就是利用了顾客的从众心理。

2. 权威心理

一般来说，顾客在购买产品时，都希望产品的质量可靠，那么如何证明产品质量可靠呢？这时，权威认证就显得很重要。举例来说，两家店铺销售的产品相似，其中一家有权威机构鉴定，另一家没有，那么有权威认证的产品会更容易激发客户的购买兴趣和决心。我们有时在一些产品包装上看到明星推荐、专家点评等，实际上就是利用了消费者崇拜权威的心理。

3. 价位心理

产品的定价也是一门艺术，其中，商家要注意“以中间价位为基准线”，从而上可升下可降。其中，提升价格时，要突出一分钱一分货，好货不便宜；降低价格时，要突出物美价廉，价格下降但品质没有下降，服务依然有保障。另外，在当今产品日益同质化的情况下，产品的附加值也成为顾客关注的重点。一般情况下，附加值除了带给客户相应的心理感受外，更多的是提供完善的售后服务。

4. 炫耀心理

炫耀心理是一种人之常情，比如，别人没有使用过的产品，你使用了，那么使用者在潜意识里就有种炫耀的冲动，并由此萌生一种心理的愉悦。实际上，顾客在选择购买时，往往会夹杂些炫耀的心理需求。对此，商家可以把能够让顾客炫耀的一系列要素罗列出来，有时即便顾客不知道炫耀的点在哪里，商家也可以适当帮助顾客点出来。举例来说，你的店铺销售一款女装，可以适当地向潜在客户描述穿上后会如何突出身材、如何迷人，从而在某种程度上有助于激发客户穿上试试的心理和兴趣。

5. 攀比心理

俗话说“不怕不识货，就怕货比货”，消费者往往有攀比心理，喜欢跟身边的人做比较。为此，商家要研究这种攀比心理，并努力帮助顾客找到心理平衡。比如，商家的产品价格较高，就可以突出“一分钱一分货，十分钱卖不出”的含义，从而使顾客在购买后即便与他人做比较，也可以找到心理的平衡感；如果商家的产品价格不高，可以突出性价比高，贵有贵的道理，便宜有便宜的好处。

6. 面子心理

顾客通常有好面子的心理，这在线下实体店中体现得尤为充分。比如，顾客从一家高档商场里购买一件衣服，与从一个集贸市场里买了一件衣服，在给别人讲述时，往往会觉得从高档商场里买的更有面子。为此，商家在淘宝天猫上的店铺整体风格要考虑到潜在顾客群体的心理需要，努力与其形象相匹配，从而让顾客觉得在你这里买东西有面子。

7. 占便宜心理

我们在前面也提及过顾客的占便宜心理，一个精通销售之术的商家，往往会让顾客在购买后有种“赚到了”的心理，这就是充分利用了顾客的占便宜心理。

8.“懒人”心理

一般来说，顾客在购买产品时，主要精力在于买到自己需要的商品，除此以外的任何精力与时间花费，都可能会被顾客视为“浪费”。因此，商家可以充分利用顾客的这种“懒人”心理，制定一套完整的销售流程，使得顾客的购买过程简单化，退货也变得简单，总之，一整套服务都很简洁，尽可能减少顾客购物过程中的不畅，从而很好地满足顾客的“懒人”心理。

9. 后悔心理

通常情况下，顾客在购买产品后，往往会在短暂的精神愉悦后产生一种后悔心理，也称为“朝三暮四”心理，进而怀疑自己的购买选择，如果商家不能及时有效地帮助顾客缓解这种心理，就可能会在一定程度上影响顾客的满意度。为此，商家要及时地为顾客提供增值服务，从而稀释顾客的后悔心理，强化顾客的满意度。

10. 草根心理

虽然大多数顾客都是普通人，但是人们普遍希望自己能够引人关注，这时，商家可以引导顾客在购物后将自己的购物经历在某些社交平台上进行分享，从而适当地引起人们的关注，也满足顾客不甘寂寞的心理。

最后，淘宝天猫上的网购有方便、快捷、经营成本较低等优势，网上购物也已逐渐发展为一种普遍的购物形式，对卖家来说，只有琢磨透了消费者的心理，才能让用户主动找你，了解你，甚至喜欢上你的店铺和产品。为此，商家在分析消费者心理方面一定不能含糊。

用好千牛，提升店铺人气

淘宝天猫上的卖家对千牛往往比较熟悉。千牛是阿里巴巴集团于2013年6月正式推出的为淘宝、天猫、1688商家提供手机和PC端一站式解决方案的工具，支持卖家在移动端和PC端进行商品管理、营销、人事、财务，以及与买家沟通等方面的操作。

千牛中包含了卖家工作台、消息中心、阿里旺旺、量子恒道、订单数量、插件中心等主要功能。一般来说，从事淘宝天猫客服工作的人员，通常会使用千牛。那么，千牛对提升店铺人气、改善店铺经营会起到什么作用呢？

1. 客服转接

举例来说，买家收到货物后不满意，把货物退给了卖家，这期间，买家想了解退货进度，便向店铺客服进行咨询。如果当前的客服人员遇到了不属于自己负责的问题时，可以把顾客很快地转给其他客服来接待，从而便于买卖双方沟通的有序进展。

2. 智能回复

通常情况下，在店铺流量不太大的情况下，客服人员或许还可以人工回复客户的问题；如果赶上淘宝天猫的大型官方活动，如“双11”，店铺流量猛增，这时仅靠人工客服已经难以应对客户的咨询，同时，客户在提出问题时，店铺又需要积极响应，这时，商家就可以利用千牛工具的智能回复功能。这主要包括设置自动回复、快捷话术与千牛机器人。这样的话，当客户在提出问题时，即便人工客服一时忙不过来，也不至于对客户提出的问题没有响应。同时，客服人员还可以根据实际需要，调控人工客服对相应客户的跟进。

3. 掌上店铺

手机端千牛是PC端千牛的重要辅助工具，有很多方便快捷的使用方法。比如，它可以进行紧急退款处理，减少客户在退款方面不必要的时间等待，从而在一定程度上规避退款纠纷；商家还可以通过手机端千牛快捷扫码发货，避免发货延迟；还可以监控移动数据，便于商家随时了解店铺的经营动态；卖家还可以利用千牛便捷地发布宝贝，对宝贝进行管理，使店铺经营更加方便。

总的来说，千牛的核心是为卖家整合店铺管理、经营咨询信息，以及商业伙伴关系，从而提升卖家的经营效率，帮助卖家提高客户服务水平，改进客户的满意度。

基于此，淘宝天猫上的商家要熟悉和掌握系统提供的一系列工具，比如千牛，通过运用工具更好地经营店铺，服务顾客，尤其是在当今移动互联网普及的情况下，淘宝天猫在移动端的交易额不断攀升，商家有效利用千牛工具，密切与买家的沟通，这对提升店铺人气是大有裨益的。

打造品牌，让顾客记住你的店铺

在淘宝天猫上产品趋于同质化的今天，商家要想从众多竞争者中脱颖而出，往往需要在店铺自身品牌方面下足功夫，让顾客感到你的店铺与众不同，这也正是淘宝天猫所提倡的。因此，如果你对自身品牌有着清晰的定位，从而给顾客留下深刻的印象，必然有助于获得长足的发展。

那么，商家在打造品牌时，主要从哪些方面着手实施呢？主要包括以下几点。

1. 挖掘唯一性

通常情况下，产品的个性化打造，以及价格、质量、材料、性价比、售后服务、物流、产品包装等方面都可以成为挖掘唯一性的要素。其中，个性化往往意味着唯一性，这既可以是商品的唯一性，也可以是店铺的唯一性。

当然，这种唯一性需要对每个细节进行严格把控，从而能够获得顾客对店铺或者品牌的认同感。举例来说，一家销售草编制品的店铺，它使用的是具有某个地方特色的可食用香蒲草编制出的草编家具，其唯一性是天然环保、卫生安全，这些有益的因素显然会有利于获得用户的认同感。

高性价比不一定是最便宜的，比如，有些中端电子产品，或许在有些方面的功能会不如某些高端电子产品，但这些中端电子产品贵在功能齐全，在功能使用上不会有遗憾，因此往往是中端消费者的最爱。

在网购中，发货速度快，物流速度快，往往是影响客户满意度的重要方面。因此，店铺一定要着力于提升物流速度。

在产品包装方面，商家要关注细节，因为在产品包装方面给予客户惊喜和最佳体验，往往是维护老客户的一个重要手段。

一般来说，没有包治百病的药，同理，也几乎没有哪款产品能够做到让所有人都需要，因此，商家要明确产品面对的目标客户群，从而努力让产品由内而外地获得目标客户群的喜爱；另外，那些使用价值高、质量过硬的产品，即便没有价格优势，同样有可能获得客户的青睐；还有些产品在受欢迎度方面与所使用的材质会有密切关系，比如某些家具可能会强调是由什么木材打造的等。

2. 打造品牌感

店铺的品牌通常与哪些因素有关呢？首先是店铺Logo（标志）及名称，通常情况下，好的店铺Logo和名称容易让人记住，而且印象深刻，可以起到顾客维护和品牌宣传的作用，店铺名称不宜太长，要接地气，便于人们记忆；其次是广告语，这作为品牌的延续又被称为第二品牌，广告语最好与品牌货店铺名称押韵，容易记忆和上口，比如，天猫的一句广告语“上天猫，就购了”，“天猫”与其域名“tmall”发音相近，“就购了”中的“购”与“够”谐音，还表示“足够”的意思，告诉消费者不用去别的地方，来天猫就可以满足所有的购物需求；最后，商家还要关注品牌在细节方面的体现，比如给顾客赠送一些赠品等。

3. 在活动和推广中注重服务质量

商家可以适当开展一些活动和推广，从而在提升店铺知名度的过程中强化品牌意识。其中要注意的是，在价格定位方面，商家不要单纯为了开展推广活动而降低某件产品的价格，以免导致该产品和店内其他同类产品的定价有着过大差距。比如，店铺里的商品价格基本都是百元以上，这时却参加了一个“9.9元包邮”的活动，这样的结果，即便有些销量，但同时会使客户定位不准确，店铺虽然吸引了一些客户前来购买，但是活动一过去，可能对后续营销没有什么实质的帮助。

在活动期间，商家一定不要降低物流品质，如果条件许可，建议商家最好选择发货能力强、服务质量好的物流供应商，或者多选择几家物流供应商发货。举例来说，某店铺为了压低经营成本，舍弃之前正常销售的物流，选择了一家报价很低的快递公司，结果导致大量货物积压发不出去，即便发出去了，也常由于物流运输不当而导致产品包装损坏，或者货物丢失以及错发等情况发生，使顾客大量退款、退货，结果，顾客对此怨声载道。最后，该店铺虽然赶忙另找了一家快递公司来重新发货，仍然无法阻挡该店铺动态评分的一路下滑，降低了店铺在自然搜索中的权重，还使店铺增加了成本，丢失了口碑，得不偿失。

总之，为店铺打造品牌不是一朝一夕的事情，需要店铺的长期努力。一家店铺要获得持续的流量，不能完全依靠付费推广，关键在于通过SEO获得源源不断的自然免费流量。即便如此，店铺的搜索排名提高了，能够展现在用户的眼前，毕竟还需要用户进一步再做筛选，这时，品牌美誉度高的店铺显然会更有利于吸引用户的点击和购买。

因此，通过一系列SEO的方法获取好的搜索排名及足够的点击流量，在此基础上，更要努力打响店铺的知名度，形成品牌，这可谓是店铺的一笔丰厚的无形资产，对店铺在经营中产生质的飞跃会起到积极的作用。

淘宝天猫SEO的精髓

其实，运营淘宝天猫，却又不擅长站内SEO的商家，其店铺获取的自然流量就会少之又少。诚然，我们还可以通过钻石展位、直通车、淘宝客等方式来获取流量，但是这些流量是要付费的，而且，根据客户的购买习惯，有大量买家是在搜索关键词后从搜索结果页中寻找相应店铺与商品进行点击的，因此，商家一定不能回避SEO，尤其是淘宝天猫站内SEO。

进行站内SEO时，正如SEO本身的意思“搜索引擎优化”，其实就是洞悉淘宝天猫的搜索引擎规则，让店铺和产品更加适应搜索引擎的喜好，从而在顾客搜索与我们店铺和产品有关的关键词时，使搜索引擎“愿意”“乐意”把我们的店铺和产品从海量信息中抽取出来，排在比较靠前的位置，从而有机会获得顾客的点击访问。我们能够明白这里面的规则，可谓是从技术角度上掌握了站内SEO的精髓。

那么，淘宝天猫是如何把搜索出来的，认为最符合顾客需要的产品展示给顾客的呢？它主要考虑了六个方面：一是进行相关性筛选，将那些不相关的产品直接屏蔽掉，比如买家搜男士西服，那么连衣裙就会被直接屏蔽掉；二是违规过滤，有过违规行为的宝贝会被搜索引擎直接屏蔽；三是优质店铺筛选，淘宝天猫搜索引擎会优先选择权重高的店铺，这就好比现实中，别人向你打听附近哪里有卖矿泉水的，如果附近有好几家超市卖矿泉水，你往往会选择自己认为服务质量好的超市进行推荐，当然，在淘宝天猫平台，对店铺的服务质量考评有多个指标，如客户投诉率、宝贝与描述的相符程度、发货速度、退款速度、被处罚数、客服响应速度等，搜索引擎会对店铺的多个指标进行积分与考评，从而做出综合排名；四是优质宝贝筛选，淘宝天猫搜索引擎会优先展示权重高的宝贝；五是橱窗推荐，淘宝天猫搜索引擎会将橱窗推荐的宝贝优先展示；六是上下架时间筛选，当搜索引擎将很多优质宝贝筛选出来后，为了公平起见，会按照下架时间来排序，越是临近下架时间的宝贝，越有机会获得展现，同时尽可能丰富买家的选择。

实际上，淘宝天猫搜索引擎从本质上来说是为买家服务的。广大买家在淘宝天猫上获得了愉悦的购物体验，就会接着来淘宝天猫“逛”和购物；如果广大买家在淘宝天猫上购物不愉快，自然会影响访问淘宝天猫平台的兴趣。所以，淘宝天猫搜索引擎是在努力“讨好”买家，同时又在努力维护平台的公平性，这也是淘宝天猫搜索引擎规则进行多次调整的内在原因。可以说，只要明白了淘宝天猫搜索引擎服务买家、努力维护平台公平性的基本特点，那么就会有利于我们紧紧把握淘宝天猫搜索引擎的规则去办事，从而在遵守规则中获取效益。

最后，祝愿每位朋友在淘宝天猫平台上做好SEO，充分地发挥出自己的聪明才智，在淘宝天猫平台每年巨大的交易额中占有一席之地，在淘宝天猫平台上收获财富和幸福，祝您好运！

曾弘毅
2017年6月